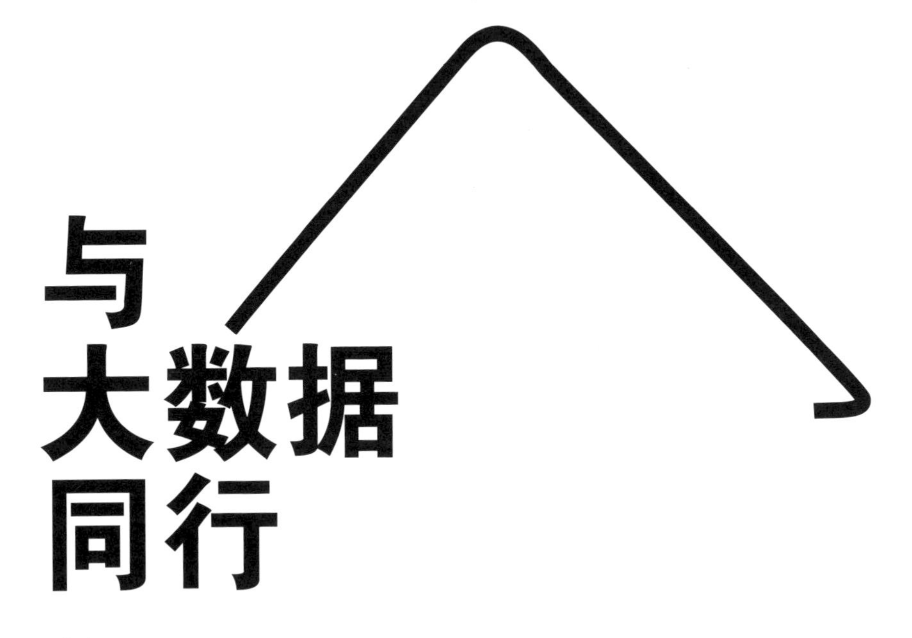

与大数据同行

学习和教育的未来

[英] 维克托·迈尔-舍恩伯格
(Viktor Mayer-Schönberger)
[英] 肯尼思·库克耶
(Kenneth Cukier) 著

赵中建 张燕南 译

LEARNING WITH BIG DATA

THE FUTURE OF EDUCATION

华东师范大学出版社
全国百佳图书出版单位

大夏书系 传承教育经典，传播教育常识

致我们的教师和我们的学生

——V.M-S. & K.N.C.

目　录

1 薄暮

2 改变

3 平台

后果

破晓

序一　未来教育的形态

与大数据同行的学习就是未来的教育，这既是书名的意义，也是本书的主题。“大数据”一词反映了人们愈益意识到我们大家留下的数字痕迹，就如“大数据”关注数据本身一样。哥伦比亚大学心理学教授邓肯·沃兹（Duncan Watts）认为，有关人们行为和喜好的丰沛数据正改变着社会科学，使社会科学从数据最贫瘠的领域转变为数据最丰富的领域。在从商务学到社会学再到文学这样一个又一个领域中，我们获取和解释数据的能力得到迅速成长，同时也需要获得新的工具。

与其他任何领域相比，这一点在教育领域或许显得更为真实。多年以来，事实上是多个世纪以来，教育领域的决策从来就是在缺乏任何数据的基础上作出的。常识（common sense）一直成为正常的决策资源，即使在常识导致消极结果的情况下也是如此，而常识其实只是习惯和一厢情愿的混合物罢了。

迈尔-舍恩伯格和库克耶写到塞巴斯蒂安·迪亚兹（Sebástian Díaz）受数据驱动的关于学生矫正教育（remedial education）的发现：要求学生修读全部大学课程可能确实会导致他们辍学而不是毕业。迪亚兹的这一发现与当前美国政策所鼓励之事并不一致，而这种政策与现实之间的背离足以让教育家们欲哭无泪。由此可见，如果仅通过常识来设计一种教育体系，只不过是在浪费时间和金钱，那就只会导致一种情况——正如作者所指出的——我们当前的政策或许正在浪费生命，而我们却还没有制定出可以取代它们的有效政策。

弄明白哪些教学技术确实会产生作用，而哪些教学技术不会产生作用，正是本书所探讨的一场革命。

与大数据同行的学习意味着两种迥异的学习过程。对于学生而言，他们是在一个同样也在向他们学习的体系中学习着课程。这一体系知道学生何时需要加倍依赖于概念，知道何时需要继续往下学习，还知道如何让学生在每一天中平衡“温故”和“知新”。这些学生是在伴随着大数据而学习，因为在他们所身处的系统之中，有关他们如何从事与他人和课程目标相关之事的证据，可以在分秒之中产生，而不是需要一个学期或学年才能出现。

但是，教育工作者们也在伴随着大数据而学习。我们第一次有机会来检验假设，来比较方法，来了解（而不只是猜测）什么是有效的和什么是无效的。反馈循环（feedback loop）对于学生来说将是一种改进，而对于教师来说则会是一种转型。

克里斯·阿吉瑞斯（Chris Argyris）是一位组织理论专家，他介绍了学习型组织的理论。大多数组织采用被阿吉瑞斯称为“单回路学习”（single-loop learning）的模式，它们在学习中犯了错误之后才会努力去纠正。

例如，当一所学校进行的一次考试或一堂课的难度过低或者过高时，学校就会确定问题并在下一次加以克服。这就是单回路学习——犯了错误，将其抓住并予以纠正，尔后继续前行。

“双回路学习”（double-loop learning）则与之不同。一个践行双回路学习的组织会纠正自身的错误，但它还会做许多更重要的事情，包括分析其犯错的原因。双回路的学习需要分析组织本身在反馈回路中所使用的大量数据。本书中诸多有趣的故事都是关于双回路学习的，例如萨尔曼·可汗（Salman Khan）在运用学生如何学习的数据时，他不只是在设计教学，而是在设计可汗学院本身。

迈尔-舍恩伯格和库克耶认识到了这一巨大的进步。大多数组织习惯性地拒绝变革，而且并不认为这种变革将是迅速的或是由精英们领导的。只有当创新经常出现时，比如要改变人们过去受到不好的服务或根本没有受到服务的状况，这种变革才会发生：人们需要矫正教育，人们处在当前功能健全的机构之外，当前的教育制度让所有年龄段的人感到失败。

迈尔-舍恩伯格和库克耶认为，这一变革最终将波及各行各业。从生物学界到篮球界，最初都会有一些员工在短期内抗拒数据驱动的分析，但在数据能够影响结果的每一个领域，最终都会采纳数据驱动的决策方法。教育机构同样如此，一开始只有少数机构愿意接受，但最终会扩展到全部。

正如作者所说："信息技术作为进步的基础是不容置辩的，但当下面临的变革并不是技术层面上的。"当前的变革是组织变革。要作出应用数据的决定，就不得不成为知道如何变革自身的那种组织，以便回应新信息，回应经常与传统实践相冲突的新信息。

我们第一次要求自己拥有理解学生正在做什么的能力。我们能够理解在最大规模情况下学生是如何学习的，理解在任何给定的学年中数以百万计的各种数据。我们能够理解在最小规模情况下学生是如何学习的，理解每一个个体在10分钟的课程中是如何学习的，而不只是每一个个体是如何学习的。不同于旧有的调查世界和样本，我们能够连接上述两类规模——大数据是数以亿万计的小数据的汇集。

高等教育的未来依赖于本书巧妙而有力地论证的特征：教学的个性化、把有效努力从无效努力中分离出来的反馈循环，以及由大规模数据集的概率预测而产生的设计或体系。决定着教育之未来的，是那些更好地利用大数据来适应学习的组织。

［美］克莱・舍基（Clay Shirky）
美国纽约大学、上海纽约大学教授
被誉为“互联网革命最伟大的思考者”
著有《认知盈余：自由时间的力量》等畅销书

序二　大数据时代教育的新图景

欣闻维克托·迈尔-舍恩伯格与肯尼思·库克耶新作、赵中建教授翻译的《与大数据同行：学习和教育的未来》即将出版，受邀为该书撰写序言，于是有机会先睹这本介绍大数据时代教育变革的新书。

初识赵中建教授，缘于他关于其《创新引领世界——美国创新和竞争力战略》一书内容的讲学。今天，又看到赵教授翻译的《与大数据同行：学习和教育的未来》，感觉很酷。这是一本与时俱进，站在当今信息技术与教育变革最前沿的力作，让读者一下子就站在时代的前沿，对大数据与教育的关系有个初步的了解。可以说，这是身处大数据时代的每一位教育工作者都需要阅读的一本关于未来教育发展的普及读物。

在这本书里，作者迈尔-舍恩伯格和库克耶通过一个又一个生动的故事、大量惊人的证据、高瞻远瞩的科学家视野，阐明了他们对大数据时代教育将如何变革的深刻理解，给读者描绘了未来大数据时代人们全新的生活、工作和思维方式的图景。

大数据对社会生产和生活的影响，在教育以外的行业已经十分明显，无论是银行、电信、铁路、航空，还是军事、政治、工业、商业，基于大数据的决策已经成为现代社会各行业运行的基础。

以医疗行业为例，21世纪，临床医学借助新兴科技的发展，进入了以科学和大数据为基础的现代医学时代。例如，计算机图像处理技术与X射线、超声波、核磁共振技术相结合，促进了基于大数据的新型复杂成像技术的发展。生物信息学、计算机辅助药物设计以及大数据分析在医学临床和科研中的广泛应用，从根本上改变了疾病的诊断、治疗和预防的理念与技术。在解剖、病理、生化、药理等基础学科的实验基础之上，医学从古代经验型医学的范式，进入现代循证医学（evidence-based medicine, EBM）时代，在临床中采用前瞻性随机双盲对照及多中心研究的科学方法，系统地收集、整理大数据样本研究所获得的客观证据以作为医疗决策的基础。临床医生根据最新的指南对疾病进行诊疗，避免了过去依据个体经验积累来进行医疗决策时有可能发生的偏差和失误。

但是，迄今为止，我们的教育系统依然沿袭远古教育的范式，主要依靠教师的个人教学经验对课堂上学生的学习行为进行判断和制定教学决策。21世纪后，世界各国的教育改革都倡导针对学生个体差异实施个性化教学，力争做到像医学一样根据学生的学习行为大数据来调整教学策略，在课堂教学中采用基于证据的教学（evidence-based teaching, EBT），这一直是人们所追求的未来教育的理想形态。

过去，在学校的教育教学活动中开展实证教学受到技术水平的局限，要收集和处理学生在教学活动中的大数据比较困难。现在，随着全社会移动终端的普及、云计算服务的发展、大数据分析技术的突破，基于学生行为大数据分析的教学将逐步变成现实。

在本书中，作者具体介绍了教育中运用大数据技术的实例，如可汗学院的学习分析系统、Coursera的主讲教师如何基于大数据改进教学、亚马逊如何基于大数据实现高精确度的个性化推荐服务的故事，深入讨论了大数据给教育带来的深刻影响，给读者展示了大数据改变教育教学的美好前景。全书内容丰富，观点新颖，可供关心新兴技术对教育发展之影响的研究者参考，更值得广大一线教师阅读学习。

黎加厚

上海师范大学教育技术学术带头人

教育部全国教师教育信息化专家委员会委员

英特尔未来教育中国项目专家组专家

1 薄暮

大数据正在进入教育的方方面面，并将对这个世界的学习产生深远的影响。

大数据能告诉我们什么是最有效率的，并且揭示那些过去无从发现的谜题。

截然不同的教学形式

达瓦（Dawa）正在集中注意力。他在笔尖上蘸一抹颜料，小心翼翼地下笔画出一条细细的黑线，然后又蘸了一点颜料，再画出一条细细的黑线。几小时后，一副唐卡——由迷人的几何细节构成的、描绘佛祖的丝绸卷轴画——逐渐成形。

屋外，环绕着不丹首都廷布四周的喜马拉雅雪峰，在傍晚阳光的照射下闪闪发光。屋内，达瓦和他那些同样20来岁、身着蓝色长袍的同学们，已经在中年师父的注视下持续作业了很长时间。

唐卡画家的培养遵循传统。达瓦和他的同学们来到这里，不是为了拓宽思维，而是为了成为一个训练有素的学徒。这里的学习，不是探究，而是模仿。早在几百年前就制定下的诸多规则，决定了该画什么、画在哪里和怎么画。

达瓦的师父要确保这些年轻人严格遵守他的指令，重复那些先代唐卡画家的操作。对规则有任意一点的偏离或是破坏，不仅会惹得师父怒上眉头，还会遭到严令禁止。最好的画家，是能够完美再现师父作品的学徒。尽管师父给予的持续指导能够实现即时的反馈，但这仍然是一种极度缺乏数据的学习形式。

这与吴恩达（Andrew Ng）的教学形式有根本上的区别。吴恩达是斯坦福大学计算机科学家，在互联网上教授他的机器学习（machine learning，计算机科学的一个分支）课程。吴恩达教授是提供在线课程服务的新兴公司 Coursera 的创始人之一，他的尝试预示着大数据对教育的变革。

吴恩达教授收集所有关于学生举动的信息，从中提取最有效的内容并将其纳入系统设计，从而使他的课程能够自动实现：教学的改善，学生理解力和成绩的提高，基于个人需求的定制教育。

比如，他追踪学生与视频讲座的互动行为：当学生观看视频时，点击了暂停或快进键，又或是在视频结束前选择了放弃——这种数字互动意味着学生提早溜出了课堂。他能发现学生多次回看同一门课程，或者后退至上一个视频浏览课程内容的行为。此外，他也会在视频课程中穿插突击测验，其目的并不是要督促学生集中注意力学习，这种重视课堂纪律的古老教学形式不是他关注的内容，他想知道的是，学生是否正在领会教学材料，以及是否卡在了某个问题上。每一个学生个体，都是他的观察对象。

通过追踪学生在计算机或平板电脑上完成作业和测验的情况，吴恩达教授能够确定学生需要额外帮助的具体内容。他可以分析整个班级的数据，观察这一群体的学习情况，并以此为依据对课程进行调整。他甚至可以把这些信息与不同年级的不同班级作对比，从中判断最有效的课程元素。

数据的非凡效果

这些举措的确扩大了吴恩达教授的班级规模——成千上万的学生参与了他的课程学习——数量大到足以支撑他的研究成果，而大多数教育研究的开展仅仅基于小范围的观察对象。然而，班级规模本身并不是重点，数据才是其中的关键。

吴恩达教授已经发掘了数据的非凡效果。比方说，在追踪学生观看视频课程顺序的过程中，他发现了一个令人困惑的现象——大部分学生的学习是循序渐进的，然而在课程进行了数周之后（第 7 课前后），他们会跳回到第 3 课——其中的原因是什么？

他做了进一步的研究，发现第 7 课要求学生用线性代数书写一条公式，而第 3 课是一堂关于数学知识的复习课，显然许多学生对自己的数学能力信心不足。由此，吴恩达教授知道了该如何改进他的课程，即在那些容易让学生感到气馁的地方提供更多的数学知识回顾。而具体在哪里加入复习的知识点，正是数据提示给他的。

还有一次，他发现许多学生在重复同一主题的课程。针对这一现象，他采取的手段是进行数据可视化处理：当用户的学习进程出现顺序上的交错时，统计数据的显示颜色将由深蓝色变为鲜红色。在第 75 课和第 80 课，正常的学习秩序被打乱了，学生们在以各种各样的顺序反复观看视频。对此，吴恩达教授的心得是：学生们正在努力尝试把握其中的概念。于是他认识到，如果教师具备这样的洞察力，就会重新制作课程，并且检查由此产生的数据，以确保此类情况得到改善。

大数据正在进入教育的方方面面

除此以外，还有大量的数据得以发掘。通常，论坛帖子的内容价值，是通过对文章的读者人数和评论人数的追踪加以判断的。但是，吴恩达教授开展了一个更为复杂的统计研究，用以“真实判断”课程论坛发帖的有效性。他查看的数据是：在家庭作业或测验中做错了某个习题，但在阅读了某个特定的论坛帖子之后，能够正确解答同一习题的学生比例。

例如，2011 年，在一门机器学习的课程中，有成千上万的学生做错了关于“计算成本”的线性回归。但在浏览过第 830 篇论坛文章的学生中，则有 64% 不会再犯同样的错误。

以后，当有学生犯同样的错误时，系统就会自动推送第 830 篇论坛文章为他们答疑。在这里，确定最适合学习的论坛内容，凭借的是数据驱动的手段，而不是学生的自行判断。

这种大数据应用策略并不局限于吴恩达教授在斯坦福的课程，相关课程仅仅是这个领域中的先驱尝试。大数据正在进入教育的方方面面，并将对这个世界的学习产生深远的影响。

有别于“讲台上的贤能者”的传统教育

本书讲述的是大数据如何改变教育。大数据帮助我们以前所未有的视角判断什么可行、什么不可行；展示那些以前不可能观察到的学习层面，实现学生学业表现的提升；可以基于学生的需求定制个性化课程，促进理解并提高成绩。

大数据帮助教师确定最有效的教学方式，这非但不会剥夺他们的工作，反而会提高工作的效率和趣味性。学校管理者和政策制定者也能以较低的成本提供更多的教育机会，从而减少社会收入差距和社会差异。我们第一次拥有了强大的实证工具，让我们能了解如何教，又能了解如何学。

这并不是一本关于 MOOCs（massive open online courses，大规模开放在线课程，通常称为“慕课”）——在过去几年中占据新闻头条、类似吴恩达教授在斯坦福开设的大规模开放在线课程——的书籍。MOOCs 使教育大众化成为了可能，因此受到全世界的瞩目，这无疑是一个极大的飞跃。但是在某些方面，MOOCs 仍然等同于强调“讲台上的贤能者”的传统教育，其差别仅在于信息获取的难易程度上。

而 MOOCs 的其中一个构成要素却是崭新而强大的，那就是它能产生大数据。大数据能告诉我们什么是最有效率的，并且揭示那些过去无从发现的谜题。

风投资金涌入教育领域

大数据促进了教育和技术的结合，激发了创业者的想象力，吸引着投资人的资金。仅 2012 年一年，就有超过 10 亿美元的风投资金注入教育领域，这个数字比 5 年前足足增加了一倍。这一迹象表明，教育科技的时代已经到来，业界充斥着特有而晦涩的缩写名称，如 LMS（learning management systems，学习管理系统）和 ITS（intelligent tutoring systems，智能教学系统）等。而像 Noodle、Knewton 和 Knowillage Systems 这些有着可爱名称的公司也随处可见。

传统企业，如麦格劳-希尔公司（McGraw-Hill）、新闻集团（News Corp.）、培生教育集团（Pearson）和楷博教育（Kaplan）已经在这一领域建立据点，投入的研发和收购资金达到数十亿美元。根据知名教育科技市场调查机构 GSV Advisors 的估计，在线学习市场的价值超过千亿美元，并且以每年 25% 的速度不断飙升。在美国，对教育的整体开支高达 1.3 万亿美元，相当于 GDP 的 9%，仅次于医疗卫生。

大数据服务于各行各业

从根本上说，本书讲述的内容不仅仅针对教育，其中的核心内容是说明教育作为社会和经济的一个重要组成部分，应该如何运用数据，并且为大数据在未来如何改变生活和工作提供个案研究。尽管在这本书里，我们关注的是大数据在教育领域的发展，但是其中涉及的概念却与所有的行业、企业和组织相关，无论是医院、石油公司、科技创业公司、慈善团体还是军队。

本书也扩展了有关“如何学”和“学什么”的人类知识——社会必须加深对这个世界的概率本质的理解，而不是拘泥于自古以来便左右人类探究行为的因果关系的概念之中。

因此，本书旨在引导各行各业的专业人才，去迎接这一划时代的转变。如果你对大数据时代人类如何获取知识感兴趣，这本书也能给予解答。

在下一章，我们将提出大数据重塑学习的三个主要特征：反馈（feedback）、个性化（individua-lization）和概率预测（probabilistic predictions），并围绕由可汗学院推广的“翻转课堂”（flipped classroom）等概念展开描述。“翻转课堂”指的是学生在家观看课程视频并在课堂上完成作业，与传统课堂惯例相反的教学模式。

第三章介绍了改变教与学方式的各种平台，包括在线课程和电子课本等。并深入探讨了适应性学习（adaptive learning）和学习分析（learning analytics）理念。前者依照每个学生的个性化需求定制教学进度和内容，后者帮助我们寻找最高效的教学方式。

第四章关注的是大数据教育应用的潜在危害，从由数据留存引发的忧虑，到新形式的编组制带来的问题。学生可能会成为量化评估的受害者，如仅仅因为表现出的倾向而非实际行动便遭到预防性的惩罚。

第五章对大数据重塑教育带来的根本变化加以总结，即概率高于精确。

大数据和教育的结合激发出许多关于教育的假设：在制定教学日和校历表的时代，大部分人还在农场工作，而新的数据可能显示这在今天已不太适用；学生们按照年龄升年级，而一个支持自定义进度的课程系统能够证明这类因循守旧的做法效率不高且意义甚小。因此，在大数据的世界里，我们要面对的重要问题是，对其带来的变化是否做好了准备、面对这些变化是否采取了行动以及能够从中发现什么。

大数据将为教育带来巨大变革

达瓦注视着他模仿师父画下的黑线，随后又画了一次，试图做到如师父教导的那般精确。这一过程似乎过于机械，难以称之为教育，而西方的传统教育也曾经一度与不丹的唐卡画家培训非常相似。

据传说，过去的法国教育部长们只需查看一下他们的怀表，就能准确得知这个国家每一个孩子在那个时间点上正在学习什么。在美国，1899 年的教育署长威廉·哈里斯(William Harris)也曾夸口说，学校有着“机器的外观”，能够培养孩子“有条不紊地行动，并在自己的位置上端坐”等被动服从的美德。

的确，假如生活在两三个世纪前的人物——比如英国的弗洛伦斯·南丁格尔（Florence Nightingale）、法国的塔列郎（Talleyrand）、美国的本杰明·富兰克林（Benjamin Franklin）——走进今天的教室，他们会感到相当的熟悉。他们可能会说：没有什么变化——即使校园之外的世界早已变得几乎面目全非。

而与此同时，人们一直在关注利用 CD、电视、广播、电话和计算机等技术变革教育的机会。“在公立学校里，书本将很快过时，”托马斯·爱迪生（Thomas Edison）

在 1913 年满怀信心地说，“人类知识的所有门类都可以通过动态影像来进行教学。我们的学校系统会在十年内发生翻天覆地的变化。”大数据能否超越那些力量甚微的创新而真正地变革教育呢?

对吴恩达教授而言，这场变化的发生速度，已经超出了他的想象。过去在校园里，他的机器学习课程一个学期的选修人数是几百名，而当他在 2011 年把课程搬上互联网之后，注册的学生突破了 10 万人，其中约有 4.6 万人确实开始了课程学习，并提交了第一次的作业。在为期 4 个月的课程结束之前，他又扩充了 113 个长度约 10 分钟的视频，这时已有 2.3 万人完成了大部分的学习任务，有 1.3 万人因成绩合格而获得了结业证书。

10% 的完成率看起来似乎相当低下，而其他网络课程的完成率甚至只有 5%。事实上，吴恩达教授的一位斯坦福同事——Udacity（Coursera 公司的竞争对手）创始人之一的塞巴斯蒂安・特龙（Sebastian Thrun）——曾经于2013年秋天公开宣称MOOCs是一个失败的新生事物，而他提出该主张的原因就在于其过低的完成率。然而这类忧虑忽略了一个更为重要的事实，那就是，即使就这个完成率而言，吴恩达教授单独一门课程的学生人数，如果凭借传统的教学手段，则需要他终其一生才能达成。

大数据已经做好准备为教育带来它所期待的巨大变革。下面，就让我们来共同关注这些变化将会如何发生。

2 改变

大数据改善学习的三大核心要素：反馈、个性化和概率预测。

过去我们相信自己发现因果关系的能力，如今必须意识到我们通过大数据看到的往往是相关关系。

令人愉快的双赢设计

路易斯·冯·安（Luis Von Ahn）的外表与行为和大家身边典型的美国大学生没什么两样。他喜欢打电子游戏，喜欢飞快地驾驶他的蓝色跑车，他就像现代的汤姆·索亚（Tom Sawyer），热衷于差遣别人替他做事。但是人不可貌相，实际上，冯·安是世界上最杰出的计算机科学教授之一，而帮他做过事的，足足有 10 亿人。

10 年前，22 岁的研究生冯·安参与创造了一项名为 CAPTCHAs 的技术，要求人们在注册电子邮件等网络应用时输入弯弯曲曲的文字，以证明进行此操作的是人类而非恶意灌水的程序。冯·安把 CAPTCHAs 的升级版（reCAPTCHA）卖给了谷歌，这个版本要求人们输入扭曲文字的目的不仅是作验证，更主要的目的，是为了破解“谷歌图书扫描计划”中那些计算机难以识别的文字。这是个聪明的做法，发挥了一项数据的两种作用：在线注册的同时识别文字。

在那之后，成为卡内基梅隆大学（Carnegie Mellon University）教授的冯·安开始寻觅更多的“一石二鸟之计”——使人们提供的零散数据为两种目的服务。于是，在2012年，他启动了新的设计——多邻国（Duolingo），通过网站和智能手机APP帮助人们学习外语。作为一个幼年在危地马拉学习英语的人，冯·安对学习外语抱有共鸣，而更重要的是，多邻国的教学方式非常巧妙。

它要求人们在同一时间翻译一些较短的词组，或者评价和修正其他人的翻译。不同于一般翻译软件呈现其自创词组的做法，多邻国呈现的是需要翻译的文档中的真实句子，因此公司能够从中获取报酬。一旦有足够的学习者能够翻译或验证特定词组，系统就会接受他们的译文，并收集所有零散的句子，将其整合到完整的文档之中。

多邻国的客户包括CNN和BuzzFeed等媒体公司，

后者通过多邻国的服务，翻译用于其海外市场的相关内容。和 reCAPTCHA 一样，多邻国也是个令人愉快的“双赢”技术：学习者免费获得外语学习指导，同时制造具有经济价值的产物作为回报。

此外，还有第三个益处，那就是多邻国收集的“数据尾气”（data exhaust），即由人们与网站之间的互动中衍生的副产品：如熟练掌握一门语言的某一方面需要多长时间、最合适的习题量是多少、落下几天进度的后果等等。冯・安意识到，所有这些数据都可以采取某种方式加以处理，从而揭示出促进人们学习的最佳策略。在非数据环境中，做到这一点并不容易。然而，对于 2013 年间的每一天都有大约 100 万访问者，并且人均花费 30 多分钟用于线上学习的多邻国来说，巨大的用户数量足以支撑此类研究。

冯・安最重要的发现是：关于“人们怎样学得最好”的问题是错误的。重点不在于“人”怎样学得最好，而是具体的“哪个”人。对此，他解释说，针对最佳语言学习方法的实证研究数量很少，比方说，在许多理论中，主张先教形容词，再教副词，但几乎没有确凿的数据支撑。他指出，即使存在相关数据，通常也是针对数百名学生的小规模研究所得，将之作为普遍的研究发现加以推广，终究是不可靠的。为什么不以多年来数以千万的学习者为研究对象得出结论呢？多邻国的出现，使这样的研究成为可能。

冯·安在处理数据的过程中得到了一个重要的发现，即语言教学手段有效与否取决于学习者的母语以及他们将要学习的语言。以西班牙语使用者为例，通常，他们在学习英语的最初阶段就会接触到“he”“she”和“it”等代词。然而冯·安却发现，“it”一词容易引起他们的迷惑和焦虑，原因是“it”很难翻译成西班牙语。于是冯·安进行了几次测试，只教“he”和“she”，直到数周后坚持学习而不放弃的人数显著增加，再开始“it”一词的教学。这样就能显著提高坚持学习的人数。

他还有一些发现是有悖直觉的：女性的体育术语学得更好；男性更擅长学习与烹调和食物相关的单词；在意大利，女性总体来说比男性在英语学习上表现得更出色。许多类似的发现始终在不断涌现。

多邻国的故事为我们呈现了大数据重塑教育的最有前景的方式之一。其中反映了大数据改善学习的三大核心要素：反馈、个性化和概率预测。

小数据时代单向度的反馈

在正规教育中，从幼儿园到大学，反馈随处可见。我们从家庭作业、课堂参与、论文和测验中获得成绩，有时，甚至仅凭出勤率就能得到分数。在一个人的求学生涯中，会积累数以百计的此类数据点，我们将其称为“小数据”（small data），这些数据代表的是学生在教师眼中的学业表现。我们越来越依赖于这种反馈，将其作为衡量学习行为的指标。然而，这种教育反馈系统几乎在所有方面都存在很大的缺陷。

我们并不是总在收集正确的信息，即便是，我们所收集的数量远远不足。而且，收集的数据也没有得到有效的使用。

这是很可笑的。当年，美国国家航空航天局（NASA）的电脑主机能把宇航员安全地送上月球并接回，如今，iPhone 的性能大大超越了美国国家航空航天局当时的电脑主机；电子表格软件和绘图工具有着令人惊叹的丰富功能，而向学生、家长和教师提供一个便利的、针对学生行为和成绩的全面评价体系，却仍然停留在科幻小说中。

最需要了解的是，我们通过现行的教育反馈进行评价的对象是什么。我们对学生的学习表现进行打分，并要求他们对这一结果负责。然而我们却很少评价自己，更不会全面或大规模地对自己的教学进行评估。我们并未衡量所采用的教科书、测验和课堂讲解等教学内容与手段是否对学习有益。

在小数据时代，对此类数据的收集过于昂贵和困难，所以我们只能评价那些简单的元素，如测验成绩等。其结果是，反馈几乎是单向度的，从教师和校方指向学生和家长。

这种做法在其他行业里是极不合理的。没有一个制造商或是销售商会只对客户开展评价。它们想要获得的反馈，在很大程度上是关于自身的，即它们的产品和服务——其目的是使之得到改进。对特定的学生而言，反馈主要是关于学生对课程的理解程度（最终是教师以频率不高的标准化测试为手段所了解到的），而不是关于教师或教学工具的优劣。这种反馈针对的是学习的结果，而不是学习的过程。其原因在于数据的捕捉和分析存在较大困难。

大数据正在改变这一现状。我们能够收集到过去无法获取的学习数据，并用于学习过程的处理。我们还能用新的方式组合数据，并充分发挥其作用以提高学习理解和学业表现，同时分享给教师和管理者以改善教育系统。

电子教科书的优势

就阅读而言，人们重复阅读某个特定的段落，是因为其文笔优雅，还是晦涩难懂，这在过去无从得知。学生是否在特定段落的空白处做了笔记？为什么要做笔记？是否有些读者在文章结束前就放弃了阅读？如果是，放弃的位置在何处？这些问题能够揭示大量信息，但却难以把握——直到电子书（e-book）的出现。

当教科书出现在平板电脑或计算机上，以上提到信息就可以被收集和处理，并用于向学生、教师和出版商提供反馈。因此，主流教材出版公司争先恐后地开拓电子书市场的举动毫不奇怪。培生、楷博教育和麦格劳-希尔公司等需要掌握与其教材使用情况相关的数据，以改进教材内容，并基于学生的特定需求为其定制补充材料。这不仅能够提高教材的相关性和有效性、促进学生的学业成绩，还能帮助公司更好地与同行竞争。

举例来说，出版商希望了解的一个问题是“衰减曲线”（decay curve），即追踪学生对曾经阅读过的并且有可能记住的内容的遗忘程度。这样，系统就能确切地知道应该在何时与学生共同回顾学习内容，以提高其记忆保留的概率。因此，学生可能会收到一则消息，告知他如果在测验前两天的晚上——不是前一天晚上，也不是测验当天早上——观看复习视频，那么他将有 85% 的概率记住复习内容，并在测验中作出正确解答。

会“回话”的电子教科书

此类进展改变着教育书籍市场。在这个市场中，写得不好的教科书比由于无趣而遭到搁置的小说更加有害，因为学生们可能会受到有缺陷的教材的影响而无法发挥他们的潜能。我们只需要打开一本 20 世纪 40 年代的小学低年级课本，看到书中密密麻麻的字体、晦涩难懂的语言、脱离现实的古怪示例，就不难想象当时的儿童教育是怎样的一出悲喜剧。

当然，在今天，有学校审查委员会对大量教材进行审核。但是委员会的评估工作往往存在局限。他们可以检验内容的精确程度和偏误，并将之与公认的教学标准作对比，却缺少了解教材是否对学生有效的实证方法，同时也无从得知学生对书中特定部分的反馈情况。而这些正是有助于弥补教科书缺陷的要素。

与之相比，教科书出版商更希望获得来自电子书平台上的综合数据分析，包括有关学生如何应用他们的教材、其中哪些地方取悦了他们、哪些地方干扰了他们等方面的数据。作者无需强制读者作出反馈，只需要通过接收的手段，就能更清楚地认识到书中的有效内容和无效内容。写作既是一门艺术，也是一门手艺，因此有必要不断地加以完善。针对读者反馈的大数据分析，是完善写作的基础。

要使之成为现实，仍然有很长的路要走。在美国，印第安纳州、路易斯安那州、佛罗里达州、犹他州和西弗吉尼亚州允许州内学校在课堂中使用电子教科书。然而，即使电子书的销量已经逼近纸质书，在课堂中使用电子教科书的学校仅占全美学校的 5%。

尽管如此，潜在的收益是巨大的。吴恩达教授的 Coursera 能够从数万名选修他的斯坦福课程的学生那里挖掘点击数据，从而实现课程的改善，那么教科书也同样可以“了解”学生的使用情况。在过去，信息的流动是单向的，即从出版商到学生，而如今，信息的传递是双向进行的，我们的电子教科书会“回话”给教师。

相关信息不仅可用于既有教学内容的重新设计，还可以通过实时分析，自动在某一时刻显示出适合学生特定需求的学习内容。这种技术被称为适应性学习，它正在引领教育进入一个高度个性化的新时代。

教育机会均等的代价

学习一直以来都是个人行为。我们将自己的所见所闻转化成某种见解，最终形成对世界的独到看法。但是我们听到和看到的、我们在学校和专业培训课程中学习的，是经过打包和标准化处理的信息，就像均码的服装。这是我们为提高教育的可获取性付出的代价——过去的教育主要为贵族、教士和富人服务，如今它成为大多数人能够享有的事物。

两个世纪之前，关于正规学校教育的理念是难以得见的。在升入大学之前，那些精英人士的孩子接受单独辅导，或是在昂贵的小型院校中学习。这实际上是一种随时根据学生的需求而特别定制的服务，这种形式显然无法推广，并且只能为极少数人所拥有。到了 19 世纪和 20 世纪，教育进入大众化时代，从此开始了教育的大规模批量生产。这是我们不得不为教育普及付出的代价。

在今天，几乎所有类别的消费品都为我们提供了成千上万种选择。这些产品是批量生产的，但是消费者能够根据个人的喜好进行选择，这避免了“一个尺寸适合所有人”的思路。亨利·福特（Henry Ford）就曾经在这个思路的引导下说过：“任何顾客可以将这辆车漆成任何他们愿意的颜色，只要它是黑色的。”然而我们在其他行业见到的类似多样性和定制化，尚未在教育领域大规模地显现。

缺乏个性化的教学改革

迄今为止，教学形式发生了很大的改变：学生有时围坐在一起，教师也不再严格地站在最前方；学生们参与小组合作，并且被鼓励要向彼此学习；教师是亲切和友好的；在发达国家，笔记本电脑和平板电脑正在蔓延到学校中。

然而从某个重要的角度来看，学校几乎没有取得什么进展。现代教育仍然类似于伴随着其发展的工业化时代的教育：学生们受到同样的对待、使用同样的教材、做同样的习题集。这不能称为个性化学习。正规教育的运行仍然近似于工厂里的装配生产线：教材相当于可替换的零件；教学——尽管在新颖性和教师的亲切度上倾注了最大的努力——就其本质而言，对所有学生的处理都是一成不变的；教与学都参照统一标准，基于平均值，而不顾个人的喜好、特质或需求。这反映了工业化时代的大规模生产模式。

保持一致步伐，并在同一时间呈现完全一样的内容——传统教育迎合的是教师和系统的要求，而不是学生的利益。实际上，大多数正规学校的教育，在其设计之初考虑的是处于平均水平的学生——比坐在前排的神童学得慢，但比教室后排的笨蛋学得快的虚构的学习群体。而现实中，并没有归属于这一类别的学生。《平均时代的终结》（*Average Is Over*）一书的作者，美国经济学家泰勒·考恩（Tyler Cowen）宣称，我们现在拥有根据个人喜好和需求定制事物的技术，不再需要服从过去的同质性了。

“一个尺寸适合一个人”

事实上，改变现状是极其重要的，因为基于平均水准设计教育系统的做法，会同时损害位于正态分布曲线两侧的学生。以虚构的中等学生为对象实施教学，会使领悟力高的学生感到厌烦（甚至引发纪律问题），而领悟力低的学生会学得非常吃力。正如线上教学和个性化教学的先驱者——可汗学院的创始人萨尔曼·可汗所说的：这实际上是“一个尺寸适合少数人”的方式。

我们需要的是“一个尺寸适合一个人”的方式，而且我们有能力去实现。我们可以对知识的传递进行个性化处理，使之更好地适应特定的学习环境、偏好和学生能力。这样的做法，虽然不能让每个人都成为火箭专家，并且对学习者的专注、执著和精力仍然有要求，但是可以打破“一个尺寸适合所有人”的同质性，从而使学习优化成为可能。

补习班：适应性学习软件的用武之地

为每一个学生定制教育，是适应性学习软件长期以来的目标。这个观念已经存在了几十年。在过去，适应性学习系统的价值非常有限。专业人员驾驭计算机技术，使其更快、更具个性化，但是他们没有利用数据来实现私人定制的、个性化的学习。目前正在发生的变化，类似于计算机科学家在机器翻译上所经历的演变——从把正确的译文编入软件，过渡到依赖数据来推断最适当的翻译。

接触到数据之后，适应性学习系统开始进入飞速发展阶段。2013 年，一项由比尔和梅琳达·盖茨基金会（the Bill and Melinda Gates Foundation）委托进行的报告指出，有大约 40 家公司提供适应性学习软件。Carnegie Learning 是其中之一，该公司将“认知导引”（cognitive tutor）系统运用于高中数学，根据学生对先前问题的回答情况制定后续的提问内容。这样，就可以找出学生的问题所在并深入了解它们，而不是像传统方式那样，试图涵盖一切内容，却遗漏了很多知识。这套系统曾经以俄克拉荷马州的 400 名高中新生为对象进行过一次严格的测试，结果显示，与接受传统教学的学生相比，使用该系统的学生达到同等数学能力所花费的时间节省了 12%。

最大的获利并不发生在常规课堂中，因为教师有时会抗拒新的方式（教师和教师工会担心数据会被用于业绩排名，或作为学校管理人员裁员的参考）。最适合适应性学习系统的学习场所，其实是补习班。那里的学生因为传统教学方式的失败，已经在学习上落后于他人，因此，为了提高成绩，应该采取更具突破性的手段。

在补习班，适应性学习取得了实质性的收获。比尔·盖茨（Bill Gates）在 2013 年的大学理事会会议中提出："在这些新形式的补习课程中，学生的表现优于在常规课程中。"他同时补充道："各大学还观察到，花费在每个学生身上的成本降低了 28%。"

个性化学习最令人印象深刻的特征是其动态性，学习内容可以随着数据的收集、分析和反馈加以改变与调整。如果一个学生对某个部分的学习存在困难，那么这个部分将会被纳入之后的习题集，以确保该学生有足够的练习机会。这个常识性的概念被称为“掌握学习”[①](mastery learning)，学生必须证明自己打下了坚实的基础，才能够进入下一阶段的学习。

比如，自 2009 年开始，在纽约地区的数所中学推广了一个名为“个人的学校”的数学项目。每个学生都拥有他们的个人“播放列表”，通过相关算法分析个人需求，为他们指定每天需要解答的数学习题。“如果有不理解的地方，我可以尝试用一种崭新的方式，根据自己的时间安排开展学习，我不需要采用和其他人一样的学习方式。”伊莎贝尔·冈萨雷斯（ Isabel Gonzales ）——一名“个人

① 掌握学习，主要是指在“所有学生都能学好”的思想指导下，以集体教学（班级授课制）为基础，辅之以经常及时的反馈，为学生提供所需的个别化帮助以及所需的额外学习时间，从而使大多数学生能够达到课程目标所规定的掌握标准。美国教育心理学家布鲁姆教授为掌握学习观点的主要倡导者，他认为只要给予足够的时间和适当的教学，几乎所有学生对几乎所有的内容都可以达到掌握的程度。——译者注

的学校”的学生——如是说。由国家和私立教育服务机构进行的独立研究显示：完成该项目的学生在数学上的表现大大优于其他学生。

大规模定制：创建个人的“播放列表”

既然我们可以截取、混合最爱的音乐并将之刻录到 iPod 播放器中，那为什么不能对我们的学习做出同样的操作呢？这显然更有意义。

在未来，学习绝不会是按照一本给定的教科书、一门科目或课程，以同样的顺序和步调进行，而将是有数千种不同的组合方式。这类似于在线视频游戏，比如 Zynga 公司的 *FarmVille* 游戏不只是有一个版本，而是有几百个迎合玩家兴趣和特点的版本。

教师不再需要凭借主观判断选择最适合教学的书籍，大数据分析将指引他们选出最有效的、支持进一步完善和私人定制的教材。当然，同一组学生仍然会使用相同的教材，毕竟他们需要通过相同的测验，但是教材是可以进行个性化处理的。

大规模定制——其产品的生产成本并不比批量生产成本高出许多——重塑了各行各业的面貌，使这些行业和汽车制造业与计算机产业一样，有能力推出品种繁多的产品。大规模定制的进行，其要求来自消费者的详细信息，而生产者则基于这些信息，创建并提供有意义的自定义选项。消费者需要做到不费力且准确地表达他们的喜好和选择。在学习环境下，大规模个性化的实现，需要有更丰富的反馈数据流向教师和管理人员。个性化建立在大数据反馈的基础上，并将其恰当地付诸实践。

因为我们将要收集来自众多学生的大量反馈数据，所以有可能以先前收集数据时未曾想到的方式实现个性化处理。在小数据时代，我们只能收集用于解答既存问题的数据（如考试成绩），因为数据收集和分析的代价过于昂贵。

在大数据时代，我们拥有如此多的信息，并且可以“让数据说话”，也就是说，可以洞察那些过去几乎无从得知的事物（如能够改善测验结果的论坛帖子）。

于是，我们将会了解学习中的有效因素和无效因素——不仅在一般情况下，还细分到背景和群组，甚至小到个人水平。系统将吸收反馈结果，并动态地调整教学材料和环境，使其适应所有的学生。

理性对待概率预测

通过大数据，我们能够对人们的整体学习状况和个体的知识掌握情况产生独到的见解。然而这些见解并不是完美的。我们对“学习的学习”（learning about learning）可以说只是一种“可能性”。我们可以基于高度的可能性，对个体为提高其学业成绩需要实施的行为作出预测。比如，选择最有效的教材、教学风格和反馈机制。但这仅仅是概率预测。

比方说，我们发现某类教材能够提高特定学生的测试成绩，且预测的准确性达到 95%，但这仍然意味着存在 5% 的判断失误的可能性，即学生的成绩不会提高。然而，这并不代表我们应该放弃此类预测。很显然，相对于过去传统的、同质化的教育，这是一种进步，通过预测提供个性化定制所需的成本也相对低廉。但是在遵循预测时，我们必须意识到这些见解存在着局限性，并不是百分百正确的。

人们通常不太乐意接受概率。我们更喜欢二者择其一的回答，如是或否、开或关、黑或白。这些回答能够直接并且快速地指导我们作出决定。假如大数据分析告诉我们，改用另一本教材就有 70% 的概率能改善女儿的汉语学习，这是否足以说服我们更换她的教材？假如改善的可能性有 70%，但是改善的程度却相对较低（如 5% ～ 10%），抑或是更换教材后，可能造成如成绩大幅下降等严重后果——面对有较大可能性获得一定收益的同时，存在较小可能性出现巨大负面风险的后果。我们是否愿意接受这样的选择？

亚马逊的推送信息和谷歌翻译（Google Translate）的备选推荐（二者都使用了基于大数据分析的概率预测）是可以被接受的，因为即使预测有误，其造成的后果并不严重。然而一旦涉及教育决策，概率预测将成为潜在的巨大威胁，因为这将对人们未来的成功与否造成极大的影响。

概率预测日渐精准

毫无疑问的是，我们一直都生活在概率的世界里，只是没有认识到它。当一个教师对忧心忡忡的家长提出某些建议（比如他的孩子需要转校，更换课程，重新考试，或是使用特定课本等），相关内容都不是绝对肯定的事实，而是概率性的干预。但与过去最大的区别是，我们现在可以对事物加以测量和量化，并且以更高的精确度说话。无论是确定的，还是无法确定的，都能通过概率加以揭示。在大数据时代，机遇在进一步地显现，这可能会使人望而生畏。

随着大数据预测在精确度和细节上的提高，我们也应该对帮助我们作出决定的预测结果抱以更大的信心，并提出更加具体和细致的建议，采取更具针对性和更加温和的干预措施。比方说，与其强制要求一个学生花费整个暑假的时间补习数学，可能还不如建议他参加一个为期两周的二次方程的集中课程。

探寻“是什么”而非“为什么”

另一个观念的转变加速了概率预测的发展，而这个转变是必要的：过去我们相信自己发现因果关系的能力，如今必须意识到我们通过大数据看到的往往是相关关系。这些相关关系似乎是不为我们所知的变量之间的连接和关联，它们不会告诉我们事情如何发生，而是向我们说明正在发生的是什么。但是在大多数情况下，这足以帮助我们作出决策。

比方说，冯·安对西班牙语使用者使用分时（以及如何分时）学习代词的方法效果更佳的发现，就是相关关系的产物。同样地，吴恩达排列班级论坛帖子的方式，是建立在学生阅读帖子后成绩提升的程度之上的，这完全是相关关系的体现。他们的实践并未涉及在其间发挥作用的根本原因——因果关系。这是一个“是什么”，而不是“为什么”的问题。

对相关关系意识的确立，是具有挑战性的。我们随时准备着以因果关系的视角看待世界：我们会因为相信自己发现了原因而感到欣慰，这使我们感觉到自己正在理解世界的内部运作。然而，尽管付出了不懈的努力，我们真正发现的因果关系却比想象中少得多。深层的研究显示，通常我们对因果关系的快速直觉是完全错误的。

但这并不意味着对因果关系的探索是个错误（或是干脆放弃寻找原因），事实远非如此。但是我们也许应该变得更加谦虚，而不是自以为能够理解周围的世界。与其付出巨大的代价追究一个难以捉摸的原因，不如通过非因果的分析，把目标首先定位在理解“是什么”，而不是“为什么”之上。

有了大数据，我们可以基于预测改善教与学——那些草原上神秘的单间校舍正在为电子平台所取代——这就是我们接下来将要关注的内容。

3 平台

大数据有能力将数据的生成与处理、利用分隔开来——在信息上与教育松绑，同时将学校和课本转化为数据平台，促进学习的改善。

数据分析：可汗学院的大脑

2004年，一个刚从哈佛商学院毕业一年的对冲基金分析师应家人要求，给他12岁的表妹纳迪娅辅导数学。唯一的问题是，纳迪娅家住新奥尔良，而他住在波士顿。因此，他在互联网上为她辅导——从此永远地改变了教育的世界。

关于可汗和可汗学院的故事几乎是众所周知的。十年间，有来自200多个国家的5000万名学生使用该网站。网站集结了超过5000个视频课程，其内容包罗万象，涵盖了数学、科学和艺术史等多门学科，学生们每天要攻克400多万道习题。

但是，很少有人知道可汗学院是怎样实现如此巨大规模的。在2004年时，可汗学院还没有任何视频的存在，辅导是在选定的时间实时进行的。因为纳迪娅取得了很大的进步，所以家族成员要求可汗辅导更多的表兄弟，包括阿尔曼、阿里和其他孩子。很快，他带领的孩子人数达到了 10 人，虽然他很乐意帮助他们，但是却苦于分身乏术。

于是他写了若干程序来协助教学。这些程序能生成数学习题，并显示孩子们提交的答案是否正确。同时，也收集数据——其中蕴含的宝藏。程序追踪每个学生答对和答错的习题数量，以及他们每天用于作业的时间等等。

“一开始纯粹是为了方便，我把它当作一个保持监督的有效方法。直到后来，我才想到这个反馈系统的潜在用途，”可汗解释道，“通过对反馈机制的扩展和改善，我开始能够了解学生如何学习，而不是学习什么。”

因此，在可汗上传第一个使可汗学院闻名于世的视频之前，他便设计了收集有关学生行为的数据，并从中获取信息的机制。如果说那些吸引人的 10 分钟视频课程是可汗学院的心脏，那么时刻在后台运行的数据分析就是它的大脑。

可汗说，有了这些信息，他才得以处理那些在过去甚至都无法明确表达的问题：学生花费在他们答对的问题上的时间多，还是花费在答错的问题上的时间多？他们的学习，靠的是勤奋还是灵感（也就是说，是通过不懈的努力找到解题方法，还是依靠瞬间涌现的顿悟）？学生出错是因为没有理解教材内容，还是仅仅因为疲惫？上述以及更多关于人们学习的极为基本的问题，终于可以被提出，并且可能得到解答。

对数据的充分利用

今日，数据成了可汗学院运作的核心所在。截至 2013 年底，这个非营利组织的 50 名员工中，有近 10 人专门从事数据分析，他们的工作是令人瞩目的。教师和“教练”（可以是家长）通过数字控制面板获取学生的学习进度报告，学生也可借此发挥自身在学习中的积极作用。

例如，数字控制面板会以一个概述性的饼图显示学生观看的视频课程所属的科目，另一个饼图代表该学生参加考试的科目。还有一个向教师提供整个班级乃至每个学生的学习表现的热图，按照回答问题的数量、准确率、学生需要的“提示”数量（以及何种提示最有效）等指标加以显示。如果学生学到一半卡壳了，那么在他姓名旁边的一栏将显示为红色。

“每一次与我们系统发生的交互都被记录下来，”可汗说，“并且这些数据被用于向学生、教师和家长提供学习进程的实时汇报。”可汗学院基于每个学生的答题准确率运行一个统计模型，用以判断学生是否“精通”某个学科领域。网站存储了超过 10 亿条已完成的习题的记录，这相当于大量揭示学习行为的数据。系统还能为学习者确定最适合他们所学主题的学习路径，使他们不仅能够根据自己的步调，还可以按照最有效的顺序进行学习。

学校、班级、课本和课程是重要的数据平台

可汗学院的故事突显了大数据时代教与学的变化，让我们以崭新的方式看待学校、班级、课本和课程——将它们看作收集和分析数据的平台，并把分析成果用于教育的改良。

这是前所未有的学习方式。一直以来，教育机构根据数据及其流动方式进行的是垂直一体化的管理，生产和收集数据的机构往往就是分析数据的机构。学校提供成绩和其他反馈数据，同时也作为存储和使用这些信息的实体。学校将这些数据用于决策的制定，并把所作的决策传达给学生、家长、未来的用人单位和其他学校。从接纳入学、提供教导、评估表现到授予证书，全部由教育机构一手包办。

尽管教育决策的意义重大，但其制定过程却往往基于相对较少的数据。实际上，此类数据的收集和分析，并

不是由客观的局外人、而是由典型的内部人士操作的。试问，教师和学校如何能够做到客观地收集和分析那些反映自身能力与课堂失误的数据？我们又为何仍然依赖于在此基础上建立的系统，而不去考虑它的高度主观性和偏向性？

令人惊讶的是，收集数据并提供分析结果的教学机构在这些操作上承担的责任非常有限。那是因为，数据收集和少量分析仅仅是这些机构提供的服务之一，这不过是被视为其首要服务的“教学”的附属品罢了。

从组织上看，这是不合理的。商业公司早就知道，有关反馈和质量保障的信息应该由与结果无利益关系的专业人士进行收集。否则，相关流程的信息可能会被歪曲。因此，质量控制通常交由专门机构负责，其任务是还原事实，而不是把情况描述成管理者希望的样子。为了达成该目标，公司在组织中对数据流及相关责任进行了分离。但是即使在工厂里，质量控制也往往倾向于测量机器的准确性，而不是人（这样操作者就会少受牵连）。关于数据流的组织分离存在不少争议，并且执行得也不太顺利。

教育系统太过保守

在教育界，我们看不到相似的情况。实际上，教育系统几个世纪以来几乎没有改变过，甚至连最基本的原理都是未经验证的。上课日和学年历的制定遵循着农耕周期，而现代经济早已不再这样运作了。课程被上下课铃以固定时间分隔出来（和工厂没有区别），完全不考虑教学方式的有效性。在一些课堂中禁止使用数码设备，坚持使用纸质材料开展所有的教学工作，这使得学校里的生活在随时随地能与社交媒介和电子游戏互动的学生面前显得狭小和过时。

为了确保学习效果，我们委托专门机构采用标准测试评价学生，希望可以借此减少偏见和主观性。但是这些测试只是偶尔进行，并且其捕捉的是学生表现最出色的时刻。比方说，美国的《不让一个孩子掉队法》（*No Child Left Behind Act*）强制要求学生从三年级（大约8岁）开始接受测试，各学校凭借在校生的表现获得相应的处罚或奖励，而所谓的奖惩依据，仅仅来自对某个特定时刻的测试成绩所做的记录。在欧洲和亚洲，学生也被强制参加一些国家考试。

开展这些苍白的评价，其结果是，我们用于学生排名的依据是离散且静止的——既不能形成任何真正意义上的反馈，也无法帮助学生了解自己对教材的掌握程度，或是为教师和学校管理人员提供教材选择以及环境构建方面的参考。就像在监护病人时，使用老式听诊器每小时检查一次心跳，而不是每秒能跟踪1000次脉搏的心电图——更为强大的评估价值没有得到足够的发挥。

大数据使教育资源得以松绑

的确，一些学校在这方面走在其他同行前面，并且确实有少数新锐公司在独立数据评估和学校数据平台搭建等领域展开了角逐，但是它们都没有达到真正的规模。教育工作者使用数据改善教育的方式和我们的远古祖先使用壁画进行沟通的方式是一样的——仍然相当原始。

这种情况有望改变，但并不是因为许多教育活动被放置在了数字环境之中（如可汗学院和吴恩达的 Coursera，尽管它们的确提高了可获取性并降低了成本），而是因为当学习发生在数字环境之中时，我们可以收集过去无法获取的数据。在这一过程中，大数据有能力将数据的生成与处理、利用分隔开来——在信息上与教育松绑，同时将学校和课本转化为数据平台，促进学习的改善。

MOOCs 和类似的 SPOCs（small private online courses，

小规模限制性在线课程），已经以低廉的成本、来自知名教授们的视频课程，向全世界数以百万计的学习者提供了高质量的教学。教育资源的分配和获取得以向大众推广，这一大进步得益于许多杰出的机构，如 Coursera、Udacity 和 edX（哈佛大学和麻省理工学院以及其他大学合办的在线教育机构），它们视免费在线教育服务为自身公共使命的一部分。

在线课程无法替代课堂教学

这些机构也难逃"炒作周期"的魔爪。MOOCs 曾一度被誉为继火的发现之后最重要的创新，最近却由于"实现世界和平"的速度不够快而备受诟病。事实上，真实的情况介于两个极端之间，在线课程是革命性的，但它更有可能作为正式教育环境的补充，而不是替代。

比尔·盖茨对此有很好的见解。他指出，来自任何地区的任何学生都能够参与世界上最好的教师的课程，而不负责这些在线课程的其他教师，则可以花时间直接为学生提供指导。“要明智地运用技术。技术是对教师的重新部署，而不是要去取代他们。”

规模空前的数据资料收集平台

然而，大众化仅仅是这些在线课程的特征之一，它们同时也是收集海量学习数据的平台。MOOCs 作为大规模的数据收集平台，帮助个体学习实现了人类历史上空前的普及性和规模化。

有了大规模在线课程，数据流的垂直整合将可能不复存在，一个全新的数据收集平台生态系统可能随之显现，这开辟了一个巨大的创新空间。在线课程可以自己挖掘数据，用于激发新的视点，或者向第三方专业机构开放访问。事实上，MOOCs 最终可能会向学生开放数据访问，并由他们自己来选择分析数据的第三方机构（可汗学院已经允许研究人员在填写一份简单的数据使用协议之后，通过“数据共享门户”获取一些关于评估、练习和视频的匿名数据）。

我们甚至可以看到在线课程正在明确地转变为数据平台，一个为优秀教师提供授课空间的平台；还会随之产生一批新的指导者，他们基于所收集到的反馈信息来帮助学生选择正确的学习路线——选修哪些课程、使用哪些教材、如何去运用它们；学生可以在多种不同的课程和教师之间作出选择，也可以决定分析数据的第三方服务商。在这个开放数据流的可渗透的生态系统中，机构“内部”和“外部”的差异可能会缩小。

大学率先感受大数据的浪潮

那么大数据将会给现有的教育机构带来什么？一方面，中小学和高等院校是能够充分利用大数据能量的既存机构，它们拥有足够多的学生，可以收集大量的数据；而借此改善学生的学习，对学校来说是极其重要的，这是它们得以与新进入教育领域的对手同台竞技的优势。

另一方面，学校必须作出极大的改变，才能从大数据中受益。虽然占据着众多学习数据的源头，但是它们显示出的吸收这些数据的能力却非常有限，更谈不上有效的分析了。在某种程度上，这可能要归咎于对能够被收集的数据和收集目的的政策限制（见证了许多学区针对存储学生信息的“数据储物柜”的抗议，以及教师工会对业绩排名的反对——尤其是在得知它们可能会被公开的时候）。但在很大程度上，这只是因为学校从未在数据的有效使用上遇到过挑战。不过，平心而论，在前数字时代，实现数据的有效使用，的确是极其昂贵的。

即将到来的变化将首先波及大学以及其他高等教育院校，因为这一层次的学习者更加成熟，可以更好地领会教材并将其转化为自己能够消化的形态。总之，就是懂得如何学习。由于他们在教学法（与教学内容相比）方面的期望较低，因此，即使是细微的教学上的改善，也会受到欢迎。

在大学里，首先感受到这些变化的将是每年“生产”成千上万毕业生的“本科生工厂”。它们向大众提供的教育资源非常有限，因此随时可能被创新者突破。

亚马逊击败巴诺书店对教育的启示

亚马逊与巴诺书店[①]（Amazon 与 Barnes & Noble) 的故事很有启发性。当亚马逊首次进入图书市场时，便以其足不出户即可购物的便利服务和巨大的库存储量吸引了消费者的目光——便利性和丰富性可能也是如今吸引学生使用 MOOCs 的原因。然而，亚马逊的第一次转变并没有撼动巴诺书店的地位。

直到亚马逊开始基于数据实现高精确度的个性化推荐服务，并借此实现了独特的购物体验之后，巴诺书店之类的书店就再也无法复制它的成功了。导致巴诺书店落后的主要原因，不是购物便利性和海量库存，而是数据。与此类似，MOOCs（以及其他新兴模式）将对教育

① 巴诺书店是美国最大的实体书店，在全美拥有近 800 家店面，巴诺亦是全球第二大网上书店，仅次于第一名的亚马逊。巴诺于 2009 年 11 月开始在美国售卖电子书 Nook。

界的实体机构——大众高校造成巨大的压力。

而拥有优秀师资和超高品牌价值的精英型大学可能感到这与己无关（即使其中有一些已经尝试过在线教学）。在大数据影响教育的第一波浪潮中，这种情形确实存在。但是，它们必须尽快找到获取数据并从中学习的途径。一旦数据开始流动，其中的某些构成要素可能会瓦解顶尖大学，这些学校可能会以不同的方式被重组，或是受到永久的孤立。

大数据浪潮袭来，大中小学无一幸免

一些顶尖学校已经看到了眼前的形势。麻省理工学院某特别工作组在 2013 年 11 月发表了一份令人瞩目的聚焦机构未来发展的初步工作报告，将 edX 确定为该校与时俱进策略的重要组成部分。[1] 而大众型大学可能会将自身改造为混合式 MOOCs 机构，因为在行政上，它们对推广定制教育所需的规模更为熟悉。

相比之下，另一些顶尖大学和文理学院可能会迎来困难时期。它们对自身所面临的大规模挑战并不熟悉，而且其信赖的个性化教育模拟方式存在局限，并不足以在大数据时代立足。和一些小型的独立书店一样，它们会感到举步维艰。当然，它们并不会消失，就像那些在亚马逊在线服务的攻势下，仍然生存的独立书店一样。但是，一旦大数据的影响力触及了这些学校，它们就必须做出与以往不同的尝试。这股推动变革的浪潮将

---

① 麻省理工学院于 2013 年 11 月公布了名为《麻省理工学院教育之未来》（*The Future of MIT Education*）的初步研究报告，并于 2014 年 7 月公布了正式报告。这是麻省理工学院的一份截止到 2020 年的学校发展战略规划，尤其旨在在教学领域进行一次重大改革，将学期制课程变革为模块式课程，并充分利用其 edX 慕课课程平台开展在线教育。——译者注

最终席卷中学和小学，没有哪家教育机构能置身事外。

数据分析：女学生何以后来者居上

具有前瞻性思维的学校选择接受在线学习，其原因并不是在线教育带来的优势，而是数据本身的价值。以数据为基础的反馈、个性化教学和概率预测对学生成绩的影响是巨大的。比方说，加利福尼亚州的可汗学院与该州的洛斯阿图斯市（非常富裕）和奥克兰市（相对贫困）的公立学校都建立了合作，其成果是令人惊叹的。

一个名为“半岛大桥”（Peninsula Bridge）的暑期班项目，使用可汗学院的数学课程教授来自旧金山湾区贫困社区的中学生。在某一期课程开始时，一个七年级女孩的成绩在班上垫底，而且在暑期的大部分时间中，她一直是学得最慢的学生之一。很显然，她没有“抓住”数学。但随后，她就像开了窍一般，成绩开始突飞猛进。在课程结束时，她的成绩是班上第二名，遥遥领先于那些初期排名在她之上的同学。

可汗对此感到好奇，所以调出相关记录进行研究。他查看了该女生回答的每一道习题和解题的时间，系统创建的图表，对她的学习进展进行了描绘，并与其他学生相比较。图表显示，一条线长时间地徘徊在底部附近，直到在某个时间点突然直线上升，超过了几乎所有的线——那代表其他学生的学习情况。

对可汗来说，这成为他的一个思维转折点。这些数据清楚地表明，仅仅依据 D 等级学生和 A 等级学生在某一时刻的单次考试，我们对他们的判定很难反映出他们各自的实际能力。当学生能以最适合自己的步调和顺序进行学习时，即使是那些看似最没有能力的“差生”，也可能在最终表现上超过优等生。如果在基于小数据的传统教育环境中，这个腼腆的七年级女生可能不得不在数学补习班里苦苦挣扎，而成绩的阴影甚至会影响到她的一生。

在未来，可能会有更多的公司竞相为她定制特别的教学，这些公司会预测她的学业表现并鼓励她持续进步，而由此展开的数据分析的质量将会被评级。这听上去无疑像是一部关于教育的小说，但是当我们用心思考的时候，就会发现这并不是虚构的。

未来教育体系的特征

那么今后的学习将会是怎样的？我们目前看到的趋势，或许就是未来的缩影，但会包含更多的内容。我们能够洞察在教学中独立生成的数据，关于我们如何学（而不仅仅是在偶尔的正式测试中的表现）的数据将得到持续的收集和分析；除了教师，数据的访问还将向学生、家长和管理人员开放；教材将是基于算法定制而成的，为适应学生的需求而调整教学的顺序和步调，从而帮助学生获得最大的学习成果，同时，教材本身也会得到不断完善。

学校将在本质上成为大数据生态系统的基石。我们甚至可以想象到它们将在运用数据提高学习成绩方面开展竞争。同时，学校不再需要不可靠的大学排名，而是用切实的数据来证明自身价值。

数据的教育应用为新型的、创新性的机构和商业模式提供了分析信息、推出课程的可能性。创新的空间仍然有望扩大，这是因为在目前，掌握所有（或适当）数据的现有机构缺乏有效挖掘数据价值的思维。因此，新创企业正在为撼动教育界摩拳擦掌——这一时机已然到来。

然而，到达光明的未来之前，必须克服一个比学校董事会和教师工会更加艰难的障碍，那就是大数据教育应用的黑暗面，包括对过往数据的永久留存，以及可能不公正地决定我们的命运并剥夺我们未来的概率预测。它们将对人的隐私和自由造成深远的影响。

4 后果

与大数据同行是有一定风险的，因为我们对潜在后果和概率性结果的预测有加大教育不平等的可能。

正视大数据的黑暗面

亚利桑那州立大学和美国的许多高校一样，面临着大学新生数学成绩不佳的难题。尽管学校开设了补习课程，仍然有 1/3 学生的考试成绩低于 C，这是导致他们毕业时拿不到学位的重要原因。为了缓解这个令人沮丧的状况，亚利桑那州立大学转而使用著名教育科技公司 Knewton 的适应性学习软件。其结果是，从 2009 年到 2011 年，考试通过率从 64% 上升到 75%，而辍学率减少了一半。

但是，让我们想象一下这个看似成功的故事的另一面：如果被软件收集的数据永远不会消失，并且学生曾经有必要参加补习课程的信息成了几十年后都可以读取的永久记录，将会带来怎样的后果？假如技术系统所作的预测试图改善学校毕业率的途径不是鼓励学生上进，而是强迫他们离开——为了提高留下的学生的平均成绩——又将带来怎样的后果?

这类情形极有可能发生。一些教育改革者提倡的“电子书包”(digital backpacks)会让学生身负着他们整个学校教育生涯中的电子成绩单;而适应性学习的算法也可谓是一门令人畏惧的艺术。可汗学院的“数据分析主管”贾斯·科梅尔(Jace Kohlmeier)提出了关于学生学习的“领域学习曲线”[①](domain learning curves)。“为了提升平均准确度并让学习曲线的末端显示更出色,我们可以在早期打击那些能力较弱的学习者,并怂恿他们中途放弃,”他解释道,“但这绝不是应该做的事!”

至此,本书都在叙述大数据改善学习和教学的非凡途径。但现在,让我们把视线转向大数据的黑暗面,思考由

① 学习曲线,广泛应用于各生产领域,是一种通过生产者行为学习与经验积累而得到改进的产出的特征函数,利用学习曲线可以科学地制订出成本计划、改善作业计划、质量改善计划等。可汗学院将学习曲线这一观点应用于分析学生学习,以期提高学生就读的巩固率。——译者注

此引发的风险。学生家长、教育专家长期以来对未成年人的隐私保护和对学生的学业追踪带来的后果忧心忡忡，因为这是限制学生未来发展机遇的潜在威胁。大数据不但会放大这些问题，还会改变它们的本质。在这里，和其他地方一样，规模的变化将导致状态的变化。

永久的过去

许多家长对在课堂中积累的有关孩子的个人资料储备量感到非常担忧。比如，非营利机构 inBloom 在盖茨基金会（Gates Foundation）和卡内基公司（Carnegie）一亿美元的支持下，与九个州签署相关协议并建立了学生数据信息库。但是到 2013 年，由于遭到大量学生家长的强烈抗议，有六个州将计划暂时搁置。

谁能责怪这些家长？《纽约每日新闻报》（*New York Daily News*）这样报道 inBloom 在 2013 年进行的项目："这

是一个前所未有的举动，教育部门将学生的个人资料移交给新设的私营公司，用于建立一个国家数据库，为那些与公立学校签订合约的企业服务。”

在一些人看来，校方的做法无异于要求学生一边喝着油漆稀释料，一边赤脚走在仙人掌上面。而事实上，inBloom 把完全控制权交给校方，由学校决定要储存什么信息以及对谁开放信息访问，协助学校控制这些资料是 inBloom 的工作重点。尽管如此，许多人仍然感到不安，因为在某处累积数量如此惊人的数据，这样的做法史无前例，他们对可能带来的后果没有心理准备。各个院校也尚未对此做好充分的准备。比如，家长团体就曾正确地指出，对学生学科信息的使用途径未经适当检查就上传的行为，是存在一定问题的。

然而，这种直观的反对不仅来自传统上对个人隐私和数据的担忧，还体现在一个更加独特的方面。传统的数据保护大多聚焦在由权限失衡造成的、使他人有机会获取个人数据的问题的解决上，而现在关注的，更多的是已成定局的过去所带来的危险。

这是一个特别值得关注的问题，因为我们人类是不断进步的。随着时间的推移，我们会改变看法、调整观点甚至重塑我们的价值观。这些转变部分与年龄有关：与年长的人相比，年轻人往往倾向于冒更大的风险；还有部分原因在于，我们置身于特定的环境之中，随着时间的推移，来自周围的观点会重塑我们的看法。在一定程度上，这是反思行为的直接结果，我们或许可以称之为心理和精神的成长。

过往的个人数据，能否成为主要评估依据？

我们作为个人，不断地成长、发展、变化，而那些多年来全面收集的教育数据却始终保持不变。尽管我们可能成长为脾气最温和的人，但如果数据显示我们在过去的学生时代经历过一个性情激进的时期，那么未来的评估者还能从恰当的角度出发，看待这些过往的数据吗？如果不能，我们将永远受制于我们的过去——即使它代表的是一个已经不存在的人，并且那个人的价值观和现在自己的已然没有多少相似之处了。不断回顾过时的个人数据，不仅是不公正的，还会产生错误的结果。

想象一下，某个学生的活动记录被存储下来，并在25年后他找工作的时候被提供给未来的雇主，这将会是怎样的情形？在今天，除了知名人士，对普通人过往记录的访问是极难实现的。然而在未来，每个人都能够常规性地访问这些普通人的信息。而且其中可能不只是类似标准化大学入学考试的相关数据的“快照”，还包括当事者学习生涯中相关进程的每一个碎片化记录，从病假天数和访问辅导员的次数，到阅读了《哈克贝利·费恩历险记》（*Huckleberry Finn*）的页数和在上面标示下划线的页数。

最大隐患：无法遗忘的旧数据

这并不代表关于我们过去的数据是无用的，但是必须在更广泛的背景下去了解我们是谁，以及我们所做的事。评估人员需要极其谨慎地对待过去的数据，客观判断这些信息与今天的我们是否存在关联。这似乎是显而易见的道理，然而在实践中却很难把握。人们往往很难理解时间是变化的一个维度。

人类从不需要建立直接的认识方式，以合适的视角来看待在遥远的过去发生的事情，因为我们的大脑中早已内建了最佳的方式：遗忘。我们的大脑不断忘记那些被认为与当下和未来无关且无用的过往细节。遗忘是心理上的大扫除，我们无须有意识地去关注这个过程，就可以在它的帮助下坚定不移地抓住当下。有遗忘困难的人群对研究人员形容自身的状态为“是诅咒而不是福气”，因为这迫使他们看到的只有树木，而非森林——任何泛化都需要我们忘记细节。

在模拟时代，即使使用了电子成绩报告单和入学要求，我们的大多数学术信息仍然以纸质档案的方式进行存储。这些信息很难进行定位、存取、复制和分析，技术上的局限制约了我们与信息的交互行为，因此在实际上阻止了由此产生的不恰当的再利用。

数字工具，尤其是廉价存储和快速检索的出现，使今天的教育数据极大地延长了保存时间，并且更易存取。招聘人员不仅会使用谷歌搜索求职者的信息，有一些甚至开始要求他们提交 Facebook 的详细日志。招聘人员能够查看求职者近十年的个人观点、兴趣爱好和欠考虑的自拍照。也许更加令人担忧的是，他们还能看到其他人对求职者的评论。

这些旧数据的持久性是最大的隐患。我们面对着这些无法展望未来的信息，很有可能会透过这个永久记忆的棱镜——永远不能忘却的回忆——来看事物。所以即使招聘者在面试前提醒了自己十次——要忽视求职者在多年前因为一次高中考试作弊被抓的事实——但是到了对雇用与否作出决定的时刻，仍然很难做到不对其未审先判。更糟的是，这个污点可能跟随求职者到任何一个地方，就像是一个标志着不为社会忘却的事件的红字。毕竟，人们习惯记住不寻常的事件，而不是那些平凡的和最近发生的事情。

因此，全面教育数据带来的首个重大威胁，并不是信息的发布不当，而是束缚我们的过去，否定我们进步、成长和改变的能力，而且目前尚无抵御这一威胁的可靠措施。我们很难轻易改变对别人作出的评价和考虑的内容。我们大多数思维过程的发生，并不在理性的完全控制之下。另一方面，放弃数据的收集或者将其束之高阁，又将阻碍大数据为学习带来的诸多益处。

无法驳斥的大数据预测

第二个威胁也同样严峻。以所有人为对象收集到的全面教育数据，将用于对未来进行预测：我们应该以这样的速度、按这样的顺序学习；我们只有在晚上 8 点至 9 点间复习学习材料，才能有 90% 的可能性得到 B，如果复习得早了，其可能性将会降至 50%；等等。诸如此类的概率预测将会限制我们的“学习自由”，并有可能最终威胁到我们对生活中机遇的获取。

大数据蕴含的巨大潜力在于推进个性化学习、改善教材和教学，并最终提高学生的成绩。数据应该被视为促进产品改良的反馈，而不是对产品使用者进行简单评价的依据。在今天，被收集的有限数据几乎都是用来评价学生的，即学习中的“消费者”。

我们评估可能的方案和潜在的成就：从高中提升课程的受理到高校录取，再到研究生院的入学。但是此类基于有限数据的小数据预测，充满了不确定性，因此招生委员会对这些数据的处理极其谨慎。委员们认识到数据展示的内容并不完善——那些以高分通过 SAT 考试的自大狂并不是凭借真才实学，而仅仅是因为记住了复习指南——便积极地增加评估的主观性，当他们意识到依赖数据可能造成以偏概全的结果时，会将主观判断置于数据决断之前。

然而，大数据时代的预测精确度将远远超过现在。这向招生委员会和招聘人员等决策制定者施加了更多的压力，使其更倾向于相信基于大数据的预测。在过去，我们可以辩称所属的分组不是特别适合自己，为某种情况找到开脱的理由。比如，我们有可能被分到“好学生，但是搞不定统计课”的群组中，并最终因此被经济学专业拒之门外。但是我们仍然可以凭借这样的解释说服别人：基于这一分组的预测于我们而言是不正确的，所以即使同组的其他成员会失败，我们还是有可能获得成功。因为该预测是基于“小数据”作出的，决策制定者往往倾向于相信当事人是“无辜”的，而当事人能够通过协商为自己辩解。

而新的威胁在于，基于大数据的预测是如此准确、个性化程度如此之高，我们将不再因为名义上所属的分组，而是实实在在的“自己”被问责。因此，任何借口都可能不足以说服决策制定者站在我们这一边。事实上，任人来作判定有可能完全地从决策过程中移除，取而代之是以机器算法为基础的操作，包括读取电子数据表、计算概率并作出有约束力的决定，而这一系列操作仅需耗时几毫秒。

比如说，一些大学正在开展“电子顾问”（e-advisors）的实验，这款大数据软件系统通过数字处理提升学生的毕业率。自 2007 年亚利桑那大学采用该系统至今，学生顺利升学的比例已由 77% 上升到 84%。在田纳西州的奥斯汀州立大学，当学生选修“学位罗盘”（Degree Compass）软件向其推荐的课程后，他们有 90% 的可能性得到与软件预测一致的 B 以上的高分，而没有获益于“学位罗盘”的学生，获得同样分数的比例仅占 60%。

备受争议的教育分流

这类系统可以大大提高毕业率。鉴于美国高校只有约一半的学生能够在 6 年内毕业，所以其影响是相当显著的。但系统也可能带来一些不良后果。假如系统预测我们不太可能在一个学科领域（如生物信息学）取得良好成绩，于是巧妙地引导我们转入护理之类的其他专业，我们应该如何看待系统的决策？我们可能会认为系统考虑到了我们的最大利益——为我们提供了舒适的教育轨迹。但实际上，这可能正是问题所在，也许我们应该受到鼓励并迎难而上，而不是满足于平坦的前进路线。

本质上，这些概率预测能帮助决策制定者——从招生委员会到招聘人员——选择安全的路线并减少将来失望的可能性。这是极具吸引力的，尤其是在与可能会造成利益受损的学术失误（如未能毕业或选择了难以胜任的专业）相比的情况之下。如果相关机构不遵照大数据的预测行事，甚至可能需要承担潜在的法律责任。

概率预测最有可能深入人心，同时也最有可能造成巨大伤害的地方在于按成绩编组制。数十年以来，许多国家都过早地将学生分配到不同的学习轨道之上，通常包括以下三类：面向成绩欠佳学生的职业教育；面向一般学生的普通课程；面向杰出学生的“大学先修课程”。这种做法一直备受争议，它似乎在抹杀个人公平地进入大学的机会，因为学生可能在高中之前就被排除在大学预科的就读对象之外。它还可能加深教育鸿沟，使社会和经济上的鸿沟持续存在，更多的妇女和少数族裔将被上层淘汰。

与大数据同行的一大风险

有希望——但只是一个希望——按成绩编组制可能会因为大数据而消失。当学生按照自己的步调开展学习、学习的顺序也得到了算法上的优化，且能够取得最佳学习效果的时候，对他们进行正式的编组可能没有太大的必要。

然而在现实中，情况很可能是相反的。定制教育实际上可能更为无情地恪守编组制，使得试图或是有能力打破特定轨道的学生更加步履维艰。今天的教育中有10亿条不同的轨道：每个学生各一条。其有利的一面在于，教育是为每一个个体定制的；而不利的一面在于，它就像困住我们的峡谷深沟，实际上可能更加难以逾越。我们仍然深陷于轨道之中，即使它是量身定制的。

系统预测某个特定学生的成功概率可能是基于100万个其他学生的表现作出的，并且将以此为依据，向该生提供直接的定制教育，而在某种程度上，这也是按成绩编组。这是否真的远胜于将该生编入一个普通班级，给他更多的机会寻找并展示他的真实技术水平？预测结果或许是准确的，在某些情况下也是有益的，但同时也是无情的。该生成为概率预测而不是自身能力的受害者。

这些对我们在各方面可能性的预测，不仅会影响我们的行为，还将永远改变未来的格局——由一片开阔的空间转变为预定义的、拘泥于过去的狭窄区域。这会不会使我们的社会倒退为一种近似种姓制度的新形式——精英和高科技封建主义的古怪联姻？

在20世纪，教育是最伟大的“均衡器”。而如今，与大数据同行是有一定风险的，因为我们对潜在后果和概率性结果的预测有加大教育不平等的可能。

做好数据资料的管控

大数据的教育应用所带来的威胁可能会引发本能的、合理的恐惧。对此，我们又该如何克服呢？大部分国家已经颁布了某种形式的隐私保护法，防止对私人信息的全面采集和长期存储。一般而言，这些法律要求数据的使用者公布数据收集的对象及数据的用途，并且要在征得对方同意后才能加以使用。但是在大数据时代，这种方法收效甚微，因为我们很难预料多年以后的信息用途。

大数据的价值主要在于数据可以重复利用，而数据再使用的目的，在最初收集数据的时候几乎不用考虑。所以在数据收集开始之前进行知情同意的获取往往不太可能。因此，如果要严格贯彻法律保护的精神，大数据在教育上的诸多益处就无法实现了。又或者，今后人们被问及的内容是覆盖几乎所有的用途的模糊描述，这会让知情同意的概念变得荒谬可笑。

目前，法律法规强调的是控制数据的收集，确保信息采集对象的知情权并获得他们的同意等等。但今后，我们必须将关注的焦点转移到控制数据的使用方式上。知情同意书中关于使用数据并从中获利的公司和组织的直接责任与义务的部分，需要进一步强化。

欧洲和美国的决策者们已经在讨论如何改革隐私法

案，目的是让那些大数据使用机构为自己的滥用行为承担更多责任。作为对承担更多责任（和由此产生的更多法律责任）的回报，数据加工者将有权为了新的用途重复使用个人信息。当然，在这种新的、更高效的制度启动之前，还有许多障碍需要清除，比如区分“允许的”和“限制的”私人数据使用方式。

算法专家：一个新角色的诞生

在教育中，我们可以允许通过个人数据改进学习材料和学习工具，然而要使用同样的数据来预测学生未来的能力，可能只有在更严格的保障措施下才能获得允许（如透明度和管理监督）。要使用学生的个人数据，可能需要其本人的明确认可。为了让数据公司清楚他们无法负担违法违规的成本，我们还需要严格地执行法律法规。此外，会有一个被称为“算法专家”

（algorithmists）的新角色——经过大数据艺术和科学（如统计、数据收集、计算机科学等）培训的独立专家——诞生。他们将仔细审查相关机构对大数据系统的实施状况，或作为监管部门的专家顾问检测大数据的使用情况。

谨慎使用个人数据

个人的教育信息是特别敏感的，它深入到了我们每一个人的成长历程。与成人相比，社会更倾向于宽恕年轻人所犯的过错，部分原因在于学习的过程中需要少量的试验、磨炼和失误。因此，在教育环境中，可能有必要对大数据采取进一步的限制，尤其不能想当然地认为数据使用者的强制义务仍然停留在遥远的未来。

我们正在思考的这种新的保护模式，可以规定与教育相关的个人数据只能在有限的时间里存储和重复使用。各国可以自行设定期限，但要注意的是，不能是无限期的。

这样，数据使用者有足够的时间通过重复使用来挖掘信息的价值，同时也能预防数据滥用的阴影永远笼罩在我们头上。这是一种平衡措施，我们会刻意放弃一些未来由数据重复使用所带来的收益，来换取我们摆脱过往数据的预测、不断超越过去的能力。

不要让过去完全决定我们的未来

将某些数据集聚起来，而不是作为个人数据存储时（例如一个班级的平均分而不是一个特定学生的平均分），可以保存更长的时间。还有一些个人信息，在剥除明显的个人标识（如姓名和社会保障号码等）之后，也被允许延长保存期限。

然而，这种将数据虚拟匿名化的方法并非万全之策，因为那些看似匿名的数据，仍然可以通过与其他来源的数据作比对实现重新识别（不同数据库里相似的数据模型可以通过相互关联来识别一个人的身份）。因此，对于意在对某一个体进行身份识别的人员或算法而言，剥除明显标识的做法只能起到一个延缓的作用，而无法成为一道屏障。最终，为了保护个人隐私，这些数据可能不得不全部删除。

最终，我们希望在教育中看到多少大数据分析，以及我们如何更好地抵御来自未来的反乌托邦的威胁，仍然需要我们在对优化学习的渴望和对过去决定未来的拒绝之间作出微妙的权衡。

5 破晓

有了大数据，教育的性质将从根本上发生改变，这个社会将最终学会如何去学习。

大数据给予了我们更全面、更精细的视角，来看待世界的复杂性和我们身处其中的位置。

什么原因让学生中止在线课程的学习?

迪亚兹感到很困惑。他无法理解为什么人们在生活的其他方面信奉统计数字，却对它们的学习应用如此抗拒。他说:“我们一方面获取计算数据，并使用计算机模拟数据创造幻想中的足球队，而另一方面，我们却声称难以将定量问责制引入教育领域。”

从迪亚兹的经历来看，他对此很有发言权。在取得了化学专业的学士学位之后，他在佛罗里达的迪斯尼乐园从事了一年地下水测试工作。此后，他转而研究教育学并取得了教育学专业的硕士学位。接着，他攻读博士学位，重点研究应用统计学和测量学。(在这条求学路程中，他还获得了一个法律学位)。身为一名西弗吉尼亚大学统计学和教育法的教授，他开始思索那些影响学生辍学率的因素。他特别关注在线课程的辍学率，因为这些课程通常是针对工作繁忙的人们特别设计的，目的是使学校教育能更好地融入他们的生活。然而即使如此，还是有许多人没能完成课程，最后与学位失之交臂。

在美国，有数百万选择在线课程的学生（甚至包括在实体大学就读的学生），吸引他们的是在线课程的便利性和相对低廉的成本。2011 年，迪亚兹教授和几位来自其他机构的学者发起了一项联合研究，意在找出引发那些令人烦恼的辍学率的原因。而他们相信：答案就在数据中。获取了来自六所学校的数据和盖茨基金会提供的一百万美元资金支持之后，迪亚兹的团队开始汇编数字档案。

记录中的学生信息最终增加到了一百万条（均为匿名），可供分析的变量也达到了 33 个。一些变量是相当基础的，如年龄、性别、年级、正在攻读的学位等；另一些变量就不是那么直观，如学生所选课程的规模、他们的兵役状态等；还有一些更不常见的变量，如学生曾经注册过的课程总数；还有一些信息，只有移至数字化背景之下才可能被监测到，如学生最后一次登录课程后距离现在的天数。总而言之，这些档案总共记录了数百万个数据点，具体细分到特定的课程。

迪亚兹的团队正在探究最可能揭示学生辍学行为的先期因素。在此过程中，他们有了出人意料的发现。一个能够预示学生继续学业的强有力指标，不是他们的年龄、性别或分数，而仅仅是他们的选课数量。迪亚兹教授说：“就概率而言，那些开始的时候选择较少同期课程的学生更有可能坚持下去。”

和其他优秀的专家学者一样，迪亚兹教授正着手证明这些研究成果。虽然现在仍处于研究初期，需要投入更多的研究，但是这些研究结果对于公共政策将产生重大的影响。美国财政拨款的资助条件是要求受资助人修读全日制课程，但研究数据显示相关条款可能存在很严重的缺陷（实际上，几乎可以肯定，在大数据出现之前，大多数教育政策都是在缺乏实验数据的情况下制定的）。

如果迪亚兹教授的研究结论得到证实，那么美国教育政策中对超过学生承载能力的课时量要求，就意味着对金钱甚至生命的浪费。

绝非技术层面上的变革

大数据严格审查教育中的方方面面，避免了几个世纪以来主观臆断的审查方式，并以此改变学习。这不同于简单地将计算机技术搬进学校——自20世纪80年代以来，我们一直在重复这样的工作，而最大的“成果”是产生了大量需要清运的电脑废弃物。

信息技术作为进步的基础，这是不容置辩的，但是当下面临的变革并不是技术层面上的。这种改变影响着我们能够收集的数据类型以及我们对这些数据的挖掘方式，促使我们对学习、教学和获取知识的过程展开全新的理解。如此一来，就读于“个人的学校”的伊莎贝尔·冈萨雷斯就可以按照自己的步调进行学习并获得成绩的提升；

Coursera的吴恩达教授也能找出自己课程中的那些效果欠佳的部分并予以改进；教育政策制定者终于也能意识到学生们的潜力，就像那个参加“半岛大桥”暑期课程的七年级学生，在可汗学院改变了教学过程以后，一下子从班级垫底跃升到了班级前列。

大数据为学习带来三大改变

然而，最有意义的成就不是去改进我们已经在做的事，而是踏出新的一步——为教学本身提供数据驱动的检测。可汗用行动热情地说明：可汗学院聚焦数据和分析的目的，是为了创造“一个自动化的私人教师”。有些人可能认为使用软件持续监测学生的行为无异于间谍活动，但持相反意见的人们则认为，这些软件给那些出于害羞或紧张，而未能寻求帮助或承认没有掌握学习内容的学生提供了必要支持。对于那些学生而言——他们的存在比我们愿意承认的更为普遍——被动的监控可以帮助教师通过一种不那么咄咄逼人的方式来追踪他们的学习进度和遭遇的问题。

大数据为学习带来了三大改变：我们能够收集对过去而言，既不现实也不可能集聚起来的反馈数据；我们可以实现迎合学生个体需求的，而不是为一组类似的学生定制的个性化学习；我们可以通过概率预测优化学习内容、学习时间和学习方式。

随着这些变化的发生，我们将会发现许多我们所依赖的工具和机构也必须作出改变：电子教科书、数字化讲座，甚至是大学本身，都将成为获取和分析数据的平台或集合体，这将促进教育体验的多元化发展。学校今日的垄断地位已经开始向曾经的君主和教会拥有的集权靠近，而在经历了早期信息革命洪流的冲刷之后，它们也会如同那些看似坚不可摧的机构一样，面临土崩瓦解。多元化的教育体验可能带来多方面的教育竞争，学术界的垂直一体化现状开始转变，新的参与者在新领域中不断涌现。

确立多重安全措施

然而，大数据与学习的结合也会引发诸多危险。其中之一是，我们生活中瞬息即逝的信息将会被永久保存，而这些信息可能会被赋予不恰当的意义；另一种威胁是，从表面上看，我们的预测为个人提供了量身定制的教育，但实际上却可能因为预测中某些预先设定的算法，限制了某些人的教育机会。就像个人媒体割裂了我们，并且侵蚀了一些大众共同的兴趣点和价值观一样，教育中对概率预测的过度使用，也将转化原有的集体式体验为私人定制——我们脱离了他人和更广阔的社会，却还感到怡然自得。

为了解决这些担忧，我们需要转移关注的重点，从对数据收集方式的规范转移到对数据使用方式的管理上。这将允许我们从数据途径中获取信息以改善学习工具和方法，同时，将强有力地抑制基于大数据分析的概率预测对学生的未来造成负面影响的风险。我们也主张由执行力强且技术娴熟的算法专家评估大数据系统的有效性、掌控大数据系统的复杂性。此外，我们建议建立监管措施和技术减速带，对敏感教育数据的可存储类型和存储时间设定界限。

无论在教育还是其他领域，都没有简单的可应对大数据挑战的方案。但是通过多重安全措施的确立，我们也许能够限制大数据对我们过去的束缚和未来的剥夺。

大数据将从根本上改变教育

大数据将从根本上改变教育。通过对个人学习状况信息的进一步收集和分析，我们将有能力改进技巧，并且基于特定的学生、教师和教室的具体需求定制教材。无知将不再是逃避教育过程和机构变革的正当理由。有了大数据，教育的性质将从根本上发生改变，这个社会将最终学会如何去学习。

同时，我们也需要改变我们学习的内容。

通过对大量数据的收集和分析，我们对周围世界的理解得以进一步加深。但是这意味着什么呢？人们总是通过观察来审视这个世界，接着提出理论（有关这个世界是如何运作的普遍性观念），再将理论运用到不同的情境中，最终产生一个可以利用数据检验的假设。

那就是支撑人类大多数发现和创造的科学方法的本质（至少在理论上）。然而，一直以来，数据的收集和分析都是既消耗时间又消耗金钱的难题。所以，我们会以尽可能少的数据去解答问题。也许我们并未意识到，是我们手头的信息量决定了我们要问的问题。但是，当我们扩大收集到的数据量时，不仅能够对同样的问题给出更好的答案，而且有能力提出更好的、不同的问题。

大数据帮助我们突破智力上的局限。在线课程、电子教科书和基于电脑的测试让数据采集变得越发便利，我们也在生活的其他方面积聚着前所未有的海量信息。大数据不一定能对所有事情的原因作出准确解释（很大程度上是对相关关系的揭示，即大数据只阐述“是什么”，而不是“为什么”），但是大数据给予了我们更全面、更精细的视角，来看待世界的复杂性和我们身处其中的位置。

认识世界的新方式

除了在学习方面带来的变化，大数据也预示着我们对世界认识的改变。因为有了大数据，在它的帮助下，我们开始学习在处理问题时，先把珍爱的因果关系搁置一旁。

在与大数据同行的未来，我们仍然离不开理论。但是我们可以运用大数据分析来验证大量的（而不是一个）由计算机算法生成的可能性假设，而不是基于我们事先形成的观念，来逐个验证未来的可能性，这减少了既存认知对我们的妨碍。其中的区别在于，前者通过计算机，利用所有可利用的数据验证所有可能的答案，并从中发现最佳的一个；后者认为某人知道答案并通过试错（即使人们不犯那样的错）的方法进行验证。

当我们学习用这种新的方法探索世界时，我们将会更好地理解它，而我们制定决策的水平也将得以提高。但是这种新的理解，也要求我们接受比过去多得多的可能性、不确定性和风险性。这并不意味着世界将变得更加危险，而是说我们已经开始认识到可以确定的事物远比我们原先想象中的要少。

这要求我们采取全然不同的方式培养我们的后代，不仅仅是为了他们的工作，更重要的，是为了他们的生活。我们将会看到这个世界变得更加复杂、细致和不确定，远超我们的预估。然而我们也将发现，探索和研究环境，将比我们预想中的更加开放。

淘汰过去的捷径

人类正在通过大数据的收集和分析，向黑暗的角落注入新的光芒。我们能比原先更好地观察事物，进而更好地了解我们自己。在过去，我们也曾经历过这样的变革，当时推动我们进步的是工具、技术，以及数学、科学等学科和启蒙运动带来的新兴理念。大数据只是在黑暗道路上前进的另外一步，这一路走来，我们举着照亮前方道路的火把，但有时也可能会灼伤自己。

这束光芒能让我们清楚地看到在小数据时代曾经利用过的知识捷径。这些捷径在多数情况下都颇有效果，即使它们在复杂度和细节性上尚有欠缺。比如牛顿的万有引力定律足以用于解释桥梁的建造和引擎的生产，但却没有精确到能够帮助我们设计实现全球定位功能的 GPS 系统。

为了实现这样的功能，我们需要另一个更加复杂的万有引力定律——爱因斯坦的相对论。

同样地，大数据使我们开始明白：许多用来解释现实世界的所谓法则，其实并不足够准确。这些法则在它们的时代背景下是有效的，解决了当时的需要，就像过去的手动操作杆之于现在的液压泵、过去的绳索滑轮之于现在的机械起重机。但在未来，随着更多数据的收集和分析，这些捷径将不复存在，取而代之的是对这个世界更加复杂、更加精确的认识。

以概率为例，在过去，当被问到把一枚硬币抛向空中，其落地时正面朝上的概率有多少时，我们会说一半对一半——那的确是个很好的近似值，然而现实情况却更加复杂，因为每一枚硬币都有细微的不同，而每个人抛掷硬币的方式也不尽相同。有了大数据，我们才领悟到每一次抛掷都是一次让我们更加接近事实的机会，而不会再去固守一半对一半的理想化捷径。每一次抛掷后，我们都会记录结果来完善预测，这将让我们渐渐地接近事实。

大数据时代将是一个不断学习、不断完善我们对世界的认知的时代，而不是相信我们通过一条简单捷径就能了解世间万物的时代。我们正快速进入一个这样的时期：每一件我们观察到的事物都能够，并且将被用以积累更多的知识，就像山洞中的石笋那样稳健地生长。

大数据影响的，不仅仅是我们的教学方式（how we teach），还有我们的教学内容（what we teach）。因此，当我们在完善教育过程的同时，也需要对教育内容进行改进。

想象力远比知识更重要

当我们加深对世界的认知，认识到其错综复杂的魅力并且认识到大数据赋予我们发现世界的力量时，我们也必须意识到它的局限。与过去相比，我们更应该了解那些用于探索世界的工具的固有缺陷——即使再小心，这些局限也难以克服或避免。

在学习中，我们也要继续重视那些数据不能解释的事物：由人类的智慧、独创性、创造力造就的理念，这是大数据分析无法预测的。阿尔伯特·爱因斯坦（Albert Einstein）说过："想象力比知识更重要，因为知识是有限的，而想象力概括世界的一切。"

为了使我们的这些品质保持活跃，我们需要为我们自己、我们的非理性、我们偶尔对定量和定性分析的反抗意图保留一份特别的空间。原因并不在于大数据本身的缺陷，而是因为：即使进入了一个全新的学习时代，我们仍然无法掌握所有的问题。

6 追问

利用大数据，我们可以使决策者得以在全面而坚实的经验基础上改善其决策的质量，从而使教育决策从意识形态的偏见中脱离出来。

译者在翻译本书的基础上，在10月的上海会见了迈尔-舍恩伯格教授，并在当面讨论大数据及与大数据密切相关的教育技术革命等诸多话题的前提下，就书中的若干话题求教于作者，恳请其给予进一步的解答和阐释。以下以问答形式呈现作者对这些问题的进一步阐释。

大数据与学校教育系统的重塑

问：企业可以利用大数据调整产品与服务，更好地满足消费者的需求，优化运营和基础设施建设，寻求更多资源支持营业额的增长（如IBM）。对教育领域来说，利用大数据的目的除了满足教师和学生的需求，提供教育公平机会之外，还可以在哪些方面也带来益处？

答：在教育领域中，由于学习材料和学习工具正愈益贴近学生个体的需求和偏好，因此大数据能够有助于学生学得更为有效。大数据还能帮助教师针对特定的学生群体调整教学。同时，受益于大数据提供的极具价值的反馈信息，教师也将身兼学习者的角色而不断进行学习。而从更广泛的意义上来说，教育不再被视为主要由教师向学生传递知识的单向过程，而成为一种将为包括学生在内的每一个人提供学习、提高和发展机会的场所。

除了目睹大数据为人类学习带来的这些强大而直接的影响外，我们还会看到大数据将在整体上重塑教育系统，影响整个系统的决策和规划。比方说，大数据可用于合理预测在发展中的城市里设置新的学校和幼儿园的具体位置。在更广泛的层面上，大数据赋予我们重新审视事物的崭新视角，发现那些促使某类学校脱颖而出的因素。例如，我们不仅能够判断职业培训是否为受训者提供了恰当的职业路径，还可以弄清实施职业培训的条件及背景。

过去，在欧洲及北美地区，教育系统的架构在很大程度上依赖于当时的主要决策制定者的偏好，而不是依赖于数据。显而易见的是，这样的做法无法获得最佳成效。利用大数据，我们可以使决策者得以在全面而坚实的经验基础上改善其决策的质量，从而使教育决策从意识形态的偏见中脱离出来。

大数据还将改变教育提供者的版图。在小数据时代，绝大多数教育系统为那些具有悠久历史和重要品牌的已有机构所控制，而新来者则缺乏这些机构所拥有的源于知识和经验的声誉。但这种状况正在发生着变化。智能手机应用公司多邻国是这一方面的绝佳个案。由于大数据所提供的洞察机会，多邻国这一新的教育提供者能够比许多离线同行提供更好的外语培训。基于公司所收集的人们如何学习语言的数据，多邻国自然比其同行更好地认识到如何最优化地学习一门外语。简言之，大数据将为由原有的和新近的教育提供者所组成的充满生机的生态系统创设一种厚实的基础，这在学习时间和学习场所正变得无处不在和无时不在的今天表现得尤为明显。

大数据重塑教育系统，还有另外一种方式。随着我们开始认识到源自大数据的力量和价值，我们需要教授学生必要的技能来利用这种价值。正如我们在前面的章节中所论证的，这就需要获得大数据统计和应用数学以及机器学习和数据碎片处理方面的专门知识；还需要深度理解大数据分析的局限性，以避免陷入数据产生歧义之陷阱。最后，同样重要的是，必须从伦理上来理解，并不是每一次对大数据的利用都是合适的和被允许的。

更为一般的意义是，大数据将改变学生未来看待他们周围的世界并认识这一世界的方式。他们会比以往任何时候都努力去收集并分析数据，以丰富他们作出决定时所需的信息。他们还会接受这样的观点，即世界远比我们想象中的要复杂得多，但通过大数据我们可以有计划地来逐步欣赏这一复杂性，尽管我们可能不会完全地掌握它。

大数据关照下的数字鸿沟问题

问：大数据的力量是如此强大，“得数据者得天下”。那么那些数据巨头，如谷歌和可汗学院，与那些无法获取海量数据的机构之间的数字鸿沟（digital divide）是否会愈演愈烈？未来又将何去何从？大数据给个人学习者带来的挑战是什么？会不会使优秀者更优秀，而不会利用数据学习的人改进提高的机会更少，从而加剧数字鸿沟？

答：大数据的最重要部分并不是技术或算法，而是数据本身，其结果是谁拥有了数据或谁接触到数据谁就有强力（huge power）。这至少要冒教育的数字鸿沟之险，但也未必一定如此。有两个原因：第一，来自社会各阶层的多数学生都会学会使用大数据，因此工具的应用会非常广泛；第二，学校官员和监管者能够设计出政策来缓解这一分界的负面影响——如果这种影响确实发生的话。

那么教育的数字鸿沟又是如何产生的呢？我们可以设想一下，那些就读于名校的优秀学生极易接触到更优质的大数据学习系统。我们可以作出这样的预测：来自名校的位于同一智力水平和取得同样入学考试分数的学生，会比那些只能应用不太优质的大数据学习系统的同伴们学得更多更快且考试分数更高，因为后者就读的学校没有财力提供优质的大数据学习系统。随着时间的推移，应用最佳大数据系统的学生在学校中会表现出众，而且在以后的职业生涯中也会表现出众。

这是一种非常糟糕的境遇，但却又很可能存在于今日社会生活的各个领域，包括教育领域。最聪慧的学生能到最优质的学校读书，他们在那里获得最多的资源，得到最好的培训；富裕的父母把自己的孩子送到实施定制教育的私立学校，这是普通家庭的孩子所无法获得的教育。这种分界已经存在。因此重要的是，我们不能寄予大数据比世界上其他方面更多的期望。

当然，缓解教育数字鸿沟的潜能还是存在的。那为什么这又不必然发生呢？因为如果所有学生都获益于大数据，那么我们正在努力改善部分群体的学习这一事实所产生的实际效果，就会小于让所有学生都能享受这样的改善形式的效果。考虑一下计算机和手机吧。当计算机和手机已经成为城市地区人们的主流工具时，一个人是拥有高端的在线 iPhone 还是中等特征的安卓系统智能手机就显得不那么重要了。与过去人们没有移动手机时相比，各类智能手机的差异尽管是真实存在的，但相较于人们从中所能获得的益处，已显得无足轻重。

重要的是，如果教育中的大数据看起来在造就不公平的优势和促成新的不平等，那么公共政策就要跟进了。例如，我们可以说学生拥有自己的数据，而不是大数据教育平台拥有它们。管理者可以要求“数据的便携性”，这样就会造就一种“流动性市场”（fluid market），让学生和学校带来自己的数据并获得服务。这就会削弱大数据和教育集聚平台的力量。

今天，大数据是新事物，就像我们在20世纪五六十年代看待计算机一样。那时，只有最大的公司才能使用大型且昂贵的机器来处理大型任务，并聘请专家来操作这类机器。但是在今天，计算能力存在于每个人的口袋中，或者说，人们可以像购买水和电一样，向诸如亚马逊网络服务（Amazon Web Services，AWS）之类的云计算公司购买计算能力。教育中的大数据同样如此，它并不只属于最好的学校中最优秀的学生，它存在于任何地方。

大数据时代背景下的教师与学校管理者

问：你们在书中提到，反馈、个性化和概率预测是大数据在教育领域有效发挥作用带来的三种重要的变化。从本质上讲，这三种变化是基于大数据的评价带来的。虽然如你们提到，一些政府部门希望建立机制从源头上保证大数据的安全和使用的安全，但是对使用大数据的普通教师、研究者、管理者来说，他们需要具备怎样的资质和能力？

答：随着工商企业和机构组织围绕着大数据重建其获益模式、文化和工作流程，日渐清晰的情况是，今天所必需的技能已经不同于在先前环境下获得成功所必需的技能。第一个变化是思维方式，如我们在《大数据时代》一书中所说的“大数据思维倾向”。这一概念表明，一个人在看待整个世界以及世界中的所有事物时，要从物质事物转向交互作用，并把它看作一个收集和分析数据的平台。

如果学校这样做时，它们会重新把自己想象成类似于工厂一样的场所，因为工厂中的所有投入和产出需要尽可能有效地予以测量。但是在这里，衡量效率的尺度是什么才能最好地帮助到学习，提高学生的学业成绩，而不是对管理者和教师来说最容易做的事情——这是学校系统的诸多方面在过去之所以存在的理由。大数据的思维模式使教师和学校管理者尽其所能地测量、检测所有事物，以便发现为支持学生的进步在怎样的传导功能下做什么才最为有效。

然而，学校管理者在这样做时需要面临第二种挑战，因为作为一位教育工作者所从事的工作的本质发生了变化。教师和管理者自身要成为“数据脱盲者”（data literate），他们需要知道如何通过阅读图表来追踪学生的进步；他们需要知道如何通过分析概率预测，从而使自己能够解释这对学生意味着什么，并鼓励学生以某种方式（而不是其他方式）才能更有效地工作。

大数据不会破坏教学工作，至多只是改变它们，迫使教师成为学生成长过程中的合作伙伴。由于教学的某些基础而单调的部分可以为计算机所取代（成为 MOOCs，依教学任务或分级考试顺序而确定），教师需要将更多有价值的内容带给学生，并成为大数据学习系统与学生之间的连接点（interface）。

第三，学校变革的本质才是最重要的。这是大数据分析所需的基础设施。因此，学校系统就需要聘用那些能够熟知网络和数据存储的人员，他们是网络安全方面的专家，他们知道如何在建立系统以分享数据的同时注重保护隐私。而实现这一目标所需的技能，对于纸质文件和小数据时代的学校而言是全新的。当教育数据未被用来使教学适应个别的学生时，这些职业特性就不会成为学校管理的特征。但到明天它们就会是，因为其目的在于使学校支持并适应为世界培养学生的使命。

大数据与求变且渐变的学校教育模式

问：书中提到可汗学院、MOOCs和“个人的学校”这样的新教育模式，它们显然都特别依赖于从在线教育平台上获取数据。但实际上，学校教育中的面授教育依然占据重要位置，您认为未来的教育模式从整体上说，是不是在线教育在正式教育中所占的比重会越来越大？如果是这样，那学校教育面临的挑战是什么？

答：在今后的教学过程中，教师和学校的确需要增加更多的价值。MOOCs 虽不会颠覆现有的教育模式，但它将渗透进所有学生必修的基础课程中。尽管如此，大多数教师仍然不愿意教授 MOOCs，因此只能由教育部门主管指派资历最浅的新教师去任教。然而，如果负责这些基础课程的是一位杰出的教授，则能够更多地启发和激励学生，并通过增强他们对学科的热爱来改变其人生。

最理想的情况是，这些基础课程均由世界上最优秀的专家来教授，而不是随便碰到谁就由谁来教。MOOCs 在大学的导论性课程中和高中层面的基础教学中将大展身手，而最先涉及的科目将是自然科学和数学，因为在这两门课程中解释和局部敏感问题不那么重要。但 MOOCs 一定会找到恰当的方式融入所有学科领域。

然而，学校依然会保持面授教学的传统。但既然其他学校都可以接入同一个 MOOCs 网络，而且这些精品基础课程将出现在绝大多数的教育机构中，那我们学校也必须这么做。在普通课堂层面不会存在什么对立的情况。由于基础课程都是相同的，因此重点的区别就是面授的课堂体验了。

在 MOOCs 时代，学校需要将比以往更多的思考、关注和财力投入到面授的课堂教学中去。这与 1970 年代到 1990 年代之间，医学在西方出现的转变很相似。那时，医生的角色在从单一的诊断病情和告知患者病情逐步向人性关怀转变。医生不仅需要向患者解释医疗方案背后的原因，还需要跟踪观察患者经历的每一步诊疗过程。患者需要知情，并能得到权威的答案。

学生与教师之间的互动可以遵循同样的方式。虽然传统的师生等级制度仍将存在，但它的严格性将逐渐降低。教师和学生会发现，他们在学习过程中的角色更像合作者。与教师在一起的时间会更有价值，且更为有效，因为学生可能会得到围绕着概念和方法而量身定制的个性化教学以提高自己的学业成绩，从而超越大数据系统提出的要求。

学校将要面临的挑战是要挑选、培养、管理并留住那些具备作为一个教练所应拥有的个人技能的教师，而不只是那些仅仅掌握其所教课程的知识的教师。这就需要重新设想未来的课堂设置，并重新设计与之匹配的课程。课堂中的设置需要改变。如果教学是个性化和在线的，不需要教师同时向所有学生教授相同的内容，那还有什么必要一定要学生们一排排坐着听课呢?

也许常见的工作台才是最合适的课堂配置。毕竟，学生最终要加入公司，而那里的知识型工作者将会根据在给定时间内所要完成的项目而使用“公用办公桌”（hot desk)。大数据已经改变了教和学的本质，难道这种意识不应该先从学校开始培养吗？

大数据的潜在威胁与可能的应对策略

问：书中还提到在大数据为教育带来巨大变革的同时，也伴随着一些潜在的威胁，如永久的过去（permanence of the past）、规定了的未来（fixed futures）等，你们认为这些威胁是否会成为大数据演进的障碍？应该如何来消除这些负面的影响？

答：在教育领域，不加选择地随意使用大数据的确会产生重大风险。举例来说，如果教育机构使用大数据来预测学生个体的职业生涯，然后迫使他们接受这样的职业发展轨迹，那么其父母理所当然地会担心他们的孩子被剥夺了未来。在今天这样的世界里，人们可能不再愿意让自己的个人数据被收集、被使用，因为这些数据有可能被用来阻止人们去学习他们热衷的专业，而不是用于改善学习的过程。在如今这一普遍失信的世界里，不仅数据将越来越难收集，而且人们还可能会提供虚假的数据来“玩弄数据系统”。其结果将是今后依此作出的决策会比现在更糟糕。

在教育领域运用大数据，至关重要的是必须在互信的环境中，尤其要得到学生和家长的信任。目前西方的隐私法案在灌输这种信任方面并不是特别的有效。因此，例如在美国有家长抗议数据平台收集和分析学生的敏感信息，就可以理解了。为了让大数据在教育领域发挥它的潜力，人们要求新的隐私法案能够规范个人敏感信息的使用，而不是纠结于学生（或家长）是否同意数据被收集。

教育领域隐私规则对于如何使用大数据的新关注，将要求教育组织认识到道德的挑战并采取极其谨慎的行为。这也同样要求监管者确保严格执法。只有当这些要素全部具备时，学生和教师才能够相信大数据会促进他们的学习并帮助他们实现梦想，而不是妨碍他们。

此外，我们可能需要一种新的大数据专家——我们在书中称之为“算法专家”。这些算法专家将在大数据分析方面进行专门训练。如果学生和家长察觉到大数据预测出现差错并开始危害到自己，他们就会及时求助于这些算法专家。算法专家必须像医生或土木工程师那样恪守职业道德，包括公正和保密。他们可以要求教育机构授权他们访问数据和算法以验证分析的有效性，这样就可以透视大数据这一教育预测上的黑匣子。

随着时间的推移，通过不断曝光大数据应用在诸如教育这样的敏感领域中出现的问题，算法专家不仅可以进一步促进公众对“大数据会得到正确且恰当应用”的信任，而且还能通过剔除教育系统中的“害群之马”和促进最佳实践的开展，来推动大数据在教育系统中的广泛应用。

对于教育领域中潜在的大数据滥用威胁，这些措施均无法独自提供一个简单的解决方案。然而当这些措施整合起来时，它们就有可能创造出一个大数据在教育领域得到应用的新世界，从而提高个人的学习，促进人的成长。

大数据的背后其实是人的问题

问：最后再问一个问题，本书（英文版电子书）上市已有数月，至今有无新的动态可以与中国读者分享？

答：在过去几个月里，本书（英文版电子书）的问世，如我们预期的那样获得了很大进展。那些已经在使用大数据推动学习的个人或机构，如吴恩达和可汗学院，仍在继续这么做。多邻国网站正在有效地帮助全球数百万人学习外语，甚至在服务中又增加了新的语言组件。越来越多的新创公司（startups）正在利用源自大数据分析的商业观察而进入教育市场。

也许是因为畏惧，西方的传统教育机构对于大数据带来的机遇反应冷淡。这些教育界的掌门人仍滞足于确立一些大数据计划，而不去开创性地思考如何利用大数据来促进教学和学习，并积极应对来自私营的新创公司不断加剧的竞争。

尝试推动现行教育系统及身处其中的学生和家长进入大数据时代的具体实践，往往会遭受重大挫折。卡内基基金和盖茨基金会资助成立了名为 inBloom 的非营利机构，旨在收集和存储教育数据。inBloom 在遭到家长和公众因担忧数据隐私问题而发起的强烈抗议后，只好取消了它在美国若干个州准备实施的计划。

这个例子充分说明，任何人要在教育规划中应用大数据，取得学生和家长对其教育数据可被分析的信任是至关重要的。就像 inBloom 的失败所显现的，过度复杂的设计会让实施过程显得不够透明，让人难以理解。另外，若无法体现大数据明显的优势，应用大数据也就很难取信于人。

上述案例上了很好的一课：现行的教育机构，若不特别重视学生和家长对于数据滥用与隐私的关注，那么它们在应用大数据方面会面临很大的困难。令人啼笑皆非的是，正是那些有可能从大数据应用中获利颇丰的机构，同时也将在大数据应用过程中面临最大的麻烦。

资料来源

1. 薄暮

1）“达瓦正在集中注意力”——2009 年访问不丹时所观察到的情景。

2）“吴恩达教授收集所有关于学生举动的信息”——Interview with Andrew Ng, May 2012.

3）“就有超过 10 亿美元的风投资金注入教育领域”——“Catching On at Last,” *Economist*, June 29, 2013, http://www.economist.com/news/briefing/21580136-new-technology-poised-disrupt-americas-schools-and-then-worlds-catching-last.

4）“在线学习市场的价值超过千亿美元”——e-Learning Centre, “2012-17 Market Predictions from GSV Advisors”, http://www.e-learning-centre.co.uk/resources/market_reports_/2012_17_market_predictions_from_gsv_advisors.

5)“对教育的整体开支高达1.3万亿美元”——Talk by Jace kohlmeier, Mixpanel Office Hours, San Francisco, Video uploaded March 25, 2013, http://www.youtube.com/watch?v=Nvoc6atMpAw#t=30.

6)“学校有着‘机器的外观’”——Quoted in Joshua Davis, “How a Radical New Teaching Method Could Unleash a Generation of Geniuses,” *Wired*, October 15, 2013, http://www.wired.com/business/2013/10/free-thinkers/all/.

7)“走进今天的教室，他们会感到相当的熟悉”——这项观察是由Walter Isaacson 在Microsoft CEO Summit: Innovation in Education，Part 1上提出的。Posted on YouTube, August 31, 2012, http://www.youtube.com/watch?v=vAQj9g8Igck.

8)“书本将很快过时”——原访谈刊于*New York Dramatic Mirror*, July 9, 1913，后被其他报刊转载。Cited in Paul Saettler, *The Evolution of American Educational*

Technology（Charlotte, NC: Information Age Publishing, 2004）,p. 98.

9）“吴恩达教授单独一门课程的学生人数，如果凭借传统的教学手段，则需要他终其一生才能达成”——Max Chafkin, “Udacity’s Sebastian Thrun, Godfather of Free Online Education, Changes Course,” *Fast Company*, December 2013/January 2014, http://www.fastcompany.com/3021473/udacity-sebastian-thrun-uphill-climb.

2. 改变

1）路易斯·冯·安——Interview with von Ahn, May 2013.

2）“即使电子书的销量已经逼近纸质书”——Laura Hazard Owen, “PWC: The U.S. Consumer Ebook Market Will Be Bigger Than the Print Book Market by 2017,” PaidContent, June 4, 2013, http://paidcontent.org/2013/06/04/pwc-the-u-s-consumer-ebook-market-will-be-bigger-than-the-print-bookmarket-by-2017.

3)“在课堂中使用电子教科书的学校仅占全美学校的5%”——Darrell M. West, *Digital Schools: How Technology Can Transform Education* (Washington, DC: Brookings Institution Press, 2013),p. 24.

4)“任何顾客可以将这辆车漆成任何他们愿意的颜色”——Henry Ford, with Samuel Crowther, *My Life and Work* (Garden City, NY: Doubleday, Doran & Co., 1930), Project Gutenberg, http://www.gutenberg.org/cache/epub/7213/pg7213.html.

5)“《平均时代的终结》”——Tyler Cowen, *Average Is Over: Powering American Beyond the Age of the Great Stagnation* (New York: Dutton, 2013).

6)“一个尺寸适合少数人”——Salman Khan, *The One World Schoolhouse: Education Reimagined* (New York: Twelve, 2012),p. 57.

7)“一项由比尔和梅琳达·盖茨基金会委托进行的报告指出”——Education Growth Advisors, *Learning To Adapt: Understanding the Adaptive Learning Supplier Landscape*. Interview with EGA's Adam Newman, “2013: The Year of Adaptive Learning,” *Impatient Optimists* (blog), Bill and Melinda Gates Foundation, April 10, 2013, http://www.impatientoptimists.org/Posts/2013/04/2013-The-Year-of Adaptive-Learning.

8)“这套系统曾经以俄克拉荷马州的 400 名高中新生为对象进行过一次严格的测试”——“Catching On at Last,” *Economist*, June 29, 2013, http://www.economist.com/news/briefing/21580136-new-technology-poised-disrupt-americas-schools-and-then-worlds-catching-last.

9)“在这些新形式的补习课程中，学生的表现优于在常规课程中”——Bill Gates, keynote speech, Association of Community College Trustees, 44th Annual Leadership

Congress, Seattle, WA, October 2, 2013, http://www.gatesfoundation.org/Media-Center/Speeches/2013/10/Bill-Gates-Association-of-Community-College-Trustees.

10）“在纽约地区的数所中学推广了一个名为‘个人的学校’的数学项目”——Mary Ann Wolf, *Innovate to Educate: System [Re] Design for Personalized Learning——A Report from the 2010 Symposium*（Washington, DC: Software & Information Industry Association [SIIA], 2010）, p. 19, http://siia.net/pli/presentations/PerLearnPaper.pdf.

3. 平台

1）“可汗和可汗学院的故事”——History of Khan Academy from Khan's *The One World Schoolhouse: Education Reimagined*（New York: Twelve, 2012）, and from interview with Khan, “The Accidental Innovator,” HBS *Alumni Bulletin*, March 1, 2012, http://www.alumni.hbs.

edu/stories/Pages/story-bulletin.aspx?num=834.

2)“有来自200多个国家的5000名学生使用该网站”——Metrics on Khan Academy from Khan Academy factsheet, December 2013, http://khanacademy.desk.com/customer/protal/articles/441307-press-room, and University of New Orleans, “Online Education Pioneer Salman Khan Wows Crowds at the University of New Orleans,” May 21, 2013, http://www.uno.edu/news/2013/OnlineEducationPioneerSalmanKhanWowsCrowdsattheUniversityofNewOrleans.aspx.

3)“一开始纯粹是为了方便”——Khan, *The One World Schoolhouse*, p. 135. Emphasis in original.

4)“这个非营利组织的50名员工中，有近10人专门从事数据分析”——Anya Kamenetz, “A Q&A with Salman Khan, Founder of Khan Academy,” *Fast Company*, November 21, 2013, http://live.fastcompany.com/Event/A_QA_With_Salman_Khan.

5)“每一次与我们系统发生的交互都被记录下来”——Quoted in “The Accidental Innovator.”

6)“可汗学院基于每个学生的答题准确率运行一个统计模型”——Jack Kohlmeier, “Khan Academy: Machine Learning——Measurable Learning,” *Derandomized*（blog）, May 10, 2013, http://derandomized.com/post/51729670543/khan-academy-machine-learning-measurable-learning.

7)“网站存储了超过 10 亿条已完成的习题的记录”——Talk by Jace Kohlmeier, Mixpanel Office Hours, San Francisco. Video uploaded March 25, 2013, http://www.youtube.com/watch?v=Nvoc6atMpAw#t=30.

8)“来自任何地区的任何学生都能够参与世界上最好的教师的课程”——Bill Gates, keynote speech, Association of Community College Trustees, 44th Annual Leadership Congress, October 2, 2013, http://www.gatesfoundation.org/Media-Center/Speeches/2013/10/Bill-Gates-Association-of-

Community-College-Trustees.

9)“因此随时可能被创新者突破”——For more on disruptive innovation in education, see Clayton M. Chrisensen’s classic text *The Innovator’s Dilemma: The Revolutionary Book That Will Change the Way You Do Business*, repr.（New York: HarperBusiness Essentials, 2011）. Also Clayton M. Christenson, Michael B. Horn, and Curtis W. Johnson, *Disrupting Class: How Disruptive Innovation Will Change the Way the World Learns*（New York: McGraw-Hill, 2008）.

10)“麻省理工学院某特别工作组”——*Institute-Wide Task Force on the Future of MIT Education: Preliminary Report*, November 21, 2013, http://future.mit.edu/preliminary-report.

11)“这成为他的一个思维转折点”——Khan, *The One World Schoolhouse*.

4. 后果

1）“亚利桑那州立大学转而使用著名教育科技公司Knewton的适应性学习软件”——*Knewton Technology Helped More Arizona State University Students Succeed*, Knewton case study, 2013, http://www.knewton.com/assets-v2/downloads/asu-case-study.pdf.

2）“考试通过率从64%上升到75%”——很重要的一点在于，成绩的改善不能全部归功于Knewton的软件：亚利桑那州立大学同时也对政策进行了改进，学生可以分两学期修课，重修也无需学费。See Seth Fletcher, “Machine Learning,” *Scientific American*, August 2013, http://www.nature.com/scientificamerican/journal/v309/n2/full/scientificamerican0813-62.html.

3）“为了提升平均准确度”——Jace Kohlmeier, “Khan Academy Machine Learning——Measurable Learning,”

Derandomized (blog) , May 10, 2013, http://derandomized.com/post/51729670543/khan-academy-machine-learning-measurable-learning.

4)“许多家长对在课堂中积累的有关孩子的个人资料储备量感到非常担忧”——Natasha Singer, “Deciding Who Sees Students’ Data,” *New York Times*, October 5, 2013, http://www.nytimes.com/2013/10/06/business/deciding-who-sees-students-data.html.

5)“《纽约每日新闻报》这样报道 inBloom 在 2013 年进行的项目”——Corinne Lestch and Ben Chapman, “New York Parents Furious at Program, inBloom, That Compiles Private Student Information for Companies That Contract with It to Create Teaching Tools,” *New York Daily News*, March 13, 2013, http://www.nydailynews.com/new-york/student-data-compiling-system-outrages-article-1.1287990.

6)“我们的大脑不断忘记那些被认为与当下和未来无

关且无用的过往细节”——Viktor Mayer-Schönberger, *Delete: The Virtue of Forgetting in the Digital Age*(Princeton, NJ: Princeton University Press, 2009).

7)“一些大学正在开展‘电子顾问’的实验”——“Minding the Gap: Education Technology Helps Minorities Do Better at University,” *Economist*, November 16, 2013, http://www.economist.com/news/united-states/21589924-education-technology-helps-minorities-do-better-university-minding-gap.

5. 破晓

1)“并使用计算机模拟数据创造幻想中的足球队”——Interview with Sebastián Díaz and his colleague, Phil Ice, November 2013. 该研究项目启动后，迪亚兹博士便获提名为美国公立大学系统（American Public University System, APUS）市场分析处副处长。项目名为“预测分析报告”（Predictive Analytics Reporting, PAR），主要研究者为 Phil Ice

博士。See Phil Ice et al., "The PAR Framework Proof of Concept: Initial Finding from a Multi-Institutional Analysis of Federated Postsecondary Data," *Journal of Asynchronous Learning Networks* 16, no. 3（June 2012）, http://sloanconsortium.org/jaln/v16n3/par-framework-proof-concept-initial-findings-multi-institutional-analysis-federated-posts.

2）"可供分析的变量也达到了33个"——Beth Davis, Sandy Daston, Dave Becher, and Jonathan Sherrill, *3 Million Course Records Walk Into an IRB Meeting*: PAR——How We Did It（Boulder, CO: WCET, October 2011）, http://wcet.wiche.edu/wcet/docs/par/3MillionCourseRecordsPAR.pdf

3）"但是这些研究结果对于公共政策将产生重大的影响"——Paul Fain, "Using Big Data to Predict Online Student Success," *Inside Higher Ed*, February 1, 2012, http://www.insidehighered.com/print/news/2012/02/01/using-big-data-predict-online-student-success?width=775&height=500&iframe=true.

4）“是为了创造‘一个自动化的私人教师’”——David Rowan, “Online Education Is Redefining Learning Itself, Says Khan Academy Founder,” *Wired UK*, August 27, 2013, http://www.wired.co.uk/magazine/archive/2013/08/start/reboot-the-teacher.

5）“大数据时代将是一个不断学习、不断完善我们对世界的认知的时代”——在大数据领域，有种很流行的贝叶斯统计法（Bayesian statistics），讲的是我们能够不断从新增的资料中学习，这与我们这里所说的颇为类似。

6）“想象力比知识更重要”——“What Life Means to Einstein: An Interview by George Sylvester Viereck,” *Saturday Evening Post*, October 26, 1929, http://www.saturdayeveningpost.com/wp-content/uploads/satevepost/what_life_means_to_einstein.pdf.

译者后记

我清楚地知道自己又一次“跨界”了，跨到了一个我并不擅长的教育技术研究领域或与数据科学相关的研究领域，因为我自己还远未成为如迈尔-舍恩伯格教授所说的“数据脱盲者”（data literate）。但作为一名国际教育研究者，我提醒自己要时刻了解教育改革和发展的国际前沿态势，包括影响教育领域的外部因素如社会经济发展和信息通信技术等。

2008年，我因参与进行《国家中长期教育改革和发展规划纲要》前期研究（担任“国际教育发展研究”子课题组组长）之需，主持翻译了由经济合作与发展组织(OECD)教育研究与创新中心于2008年出版的《大趋势形塑教育》（*Trends Shaping Education*）一书（华东师范大学出版社，2009年），旨在促使教育领域的政策制定者、管理者和实践者更多地思考该书所涉及的 26 个发展趋势及其对教育发展构成的影响。该书第六章涉及数字革命、万维网的广泛使用和走向 Web2.0 三种趋势，并提出它们分别对教育意味着什么的问题。这是我对信息通讯技术影响教育的最初的特别感受。

2013 年，我先后发表了《大数据时代思维方式对教育的启示》(《教育发展研究》2013 年第 21 期，与张燕南合作）和《探索一个新的学习前沿：关于高中阶段设置 MOOCs 课程的战略思考》(《全球教育展望》2013 年第 11 期，与沈祖芸合作）两篇论文。

今年 4 月，当我得知迈尔-舍恩伯格教授于 3 月出版了《与大数据同行》的电子书（英文版）时，即与华东师范大学出版社龚海燕副社长联系，希望出版社能引进出版。此后几经曲折，终于在 10 月初获得了作者首肯，我和张燕南便立即着手翻译此书（我此前已经根据张燕南以往的学习经历而建议她以“如何消除（或缩小）

教育数字鸿沟”为主题撰写其博士论文)。

值此书行将出版之际，我要首先感谢迈尔-舍恩伯格教授，感谢他最终对于出版的首肯，以及他对我们访谈的欣然接受——这次访谈的内容构成了本书第6辑的主要部分。作为此书出版的一个插曲，迈尔-舍恩伯格教授受邀参观访问了华东师范大学出版社，并在华东师范大学作了一场充满激情和睿智、展望学习与教育之未来的有关大数据的讲演。

我要感谢为本书撰写推荐序的美国纽约大学、上海纽约大学的克莱·舍基教授和上海师范大学的黎加厚教授。尽管克莱·舍基教授近期的教学和写作任务十分繁忙，但对我请他为本书作推荐序的请求慷慨应允。黎加厚教授为国内基础教育界最为知名的教育技术、信息技术领军人物之一，与我虽相识多年却见面甚少，但他一收到我的邀约便在最短的时间内发来了非常专业的推荐序。

我要感谢华东师范大学出版社长期以来对我学术研究的支持，感谢出版社领导对引进出版本书所给予的物质支持和精神鼓励；尤其要感谢华东师范大学出版社北京分社李永梅社长的亲力亲为，感谢策划编辑何佳憶女士在此书出版过程中给予的全程帮助，感谢审读编辑王悦女士不厌其烦的工作态度和严谨的专业精神。他们都是幕后英雄！没有以上提及的各位的积极努力和辛勤工作，要在这么短的时间内出版此书似乎是不可能的。

我要感谢我曾经的学生——华东师范大学教育学部的肖玉敏博士，她是我在遇到有关教育信息技术诸问题时首先要求教的一个人。她的博士论文探讨研究的正是校长的（信息）技术领导力，而且她长期致力于信息技术在中小学课程教学改革中的应用。

我还要感谢从未谋面且不知姓名的各位微信朋友，正是他们的积极参与投票，才使得我所提议的书名——“与大数据同行”最终在五个候选书名中胜出。

撰写译后记的今天，恰逢感恩节，我感谢长期以来给予我帮助和支持的所有人！

因受水平所限，本书译文中可能还会存在不当之处，恳盼指正(邮箱 zjzhao@gec.ecnu.edu.cn)。

赵中建

华东师范大学课程与教学研究所

2014 年 11 月 27 日

LEARNING WITH BIG DATA: The Future of Education
by Viktor Mayer-Schönberger and Kenneth Cukier

Copyright © 2014 by Viktor Mayer-Schönberger and Kenneth Cukier
Published by arrangement with Houghton Mifflin Harcourt Publishing Company
Through Bardon-Chinese Media Agency
Simplified Chinese translation copyright © 2014 by East China Normal University Press Ltd.
ALL RIGHTS RESERVED.

上海市版权局著作权合同登记图字：09-2014-966 号

图书在版编目（CIP）数据

与大数据同行：学习和教育的未来／（英）迈尔-舍恩伯格，（英）库克耶著；赵中建，张燕南译．—上海：华东师范大学出版社，2014．12

ISBN 978－7－5675－2840－6

Ⅰ．①与… Ⅱ．①迈… ②库… ③赵… ④张… Ⅲ．①数据库—应用—学习方法—研究 Ⅳ．① G791

中国版本图书馆 CIP 数据核字（2014）第 283040 号

与大数据同行：学习和教育的未来

著　　者　维克托·迈尔-舍恩伯格　肯尼思·库克耶
译　　者　赵中建　张燕南
策划编辑　李永梅　何佳憶
审读编辑　王　悦　卢风保
封面设计　吴元瑛
责任印制　殷艳红

出版发行　华东师范大学出版社
社　　址　上海市中山北路 3663 号　邮编　200062
网　　址　www.ecnupress.com.cn
电　　话　021－60821666　　行政传真　021－62572105
客服电话　021－62865537
邮购电话　021－62869887
地　　址　上海市中山北路 3663 号华东师范大学校内先锋路口
网　　店　http：//hdsdcbs.tmall.com

印 刷 者　北京汇林印务有限公司
开　　本　890×1240　32 开
插　　页　2
印　　张　5.5
字　　数　65 千字
版　　次　2015 年 1 月第一版
印　　次　2020 年11月第十二次
印　　数　81 001－83 000
书　　号　ISBN 978－7－5675－2840－6/G·7783
定　　价　42.00 元

出 版 人　　王　焰

（如发现本版图书有印订质量问题，请寄回本社市场部调换或电话 021-62865537 联系）